工会工作者岗位能力提升丛书
GONGHUI GONGZUOZHE GANGWEI
NENGLI TISHENG CONGSHU

怎样当好
工会女职工委员

ZENYANG DANGHAO GONGHUI
NUZHIGONG WEIYUAN

范韶华◎编著

中国工人出版社

图书在版编目（CIP）数据

怎样当好工会女职工委员 / 范韶华编著.—北京：中国工人出版社，2015.9
（工会工作者岗位能力提升丛书）
ISBN 978-7-5008-6143-0

Ⅰ.①怎…　Ⅱ.①范…　Ⅲ.①女职工－工会工作－中国－问题解答　Ⅳ.①D412.6-44

中国版本图书馆CIP数据核字（2015）第114478号

怎样当好工会女职工委员

出 版 人	芮宗金
责任编辑	王　璇
责任校对	孙逦伟
责任印制	栾征宇
出版发行	中国工人出版社
地　　址	北京市东城区鼓楼外大街45号　邮编：100120
网　　址	http://www.wp-china.com
电　　话	（010）62350006（总编室）（010）62005039（出版物流部） （010）82075935（工会与劳动关系分社）
发行热线	（010）62004002　（010）82081553（传真）
经　　销	各地书店
印　　刷	北京市密东印刷有限公司
开　　本	700毫米×1000毫米　1/16
印　　张	14.75
字　　数	210千字
版　　次	2015年10月第1版　2020年 9月第2次印刷
定　　价	36.00元

CONTENTS 目录

一 工会女职工工作概述

1. 什么是女职工?

在我国各类企事业单位以及机关及其附属机构中工作，并以工资为其主要生活来源的女性脑力劳动者和体力劳动者，都属于女职工的范畴。换句话说，女职工是女职员和女工人的统称。一般是指从事一定经济和社会活动，以工资形式获得收入的女性劳动者，与广义上的妇女相区别。女职工是我国工人阶级队伍中不可分割的重要组成部分，工会女职工工作的对象是女职工。

2. 什么是工会女职工工作?

工会女职工工作是我国妇女工作的重要组成部分，也是工会工作不可分割的重要组成部分。简言之，工会女职工工作包含三层含义：

第一，工会女职工工作的对象是以工资收入为主要生活来源，包括体力劳动和脑力劳动的女性职业者；第二，工会女职工工作的主旨是依法维护女职工的合法权益和特殊权益；第三，工会女职工工作是通过开展各种适合女职工特殊要求和特殊需求为内容的工作，增强工会对女职工的吸引力和凝聚力。

3. 工会女职工工作的性质是什么?

工会女职工工作是指在同级工会和上级工会女职工委员会指导下，依法表达和维护女职工合法权益和特殊利益，并根据女职工的特点和意愿开展有益于女职工全面健康发展的各种活动和工作。

工会女职工工作的性质体现在以下三个方面：

（1）工会女职工工作是工会工作的重要组成部分

工会是职工群众自愿结合的工人阶级群众组织，代表和维护职工群众合法权益是工会的基本职责。在职工群众中几乎占半数的是女职工，由于她们在生理、心理上的特点，决定了工会组织在关注和维护职工群众普遍权益的同时，必须专门关心和研究女职工的特点和特殊需求，关注和维护女职工的特殊利益，帮助她们解决特殊问题。如果忽视这种特殊性，就不能很好地维护女职工的合法权益，不能充分发挥广大女职工的作用，工人阶级整体作用的发挥就会受到影响。因此，加强工会女职工工作是工会工作不可缺少的重要内容。

（2）工会女职工工作的对象是女职工

工会女职工工作除了要遵循工会工作的一般规律，贯彻工会工作的方针任务，为实现工会工作的目标努力奋斗外，还必须有自己特殊的目标和任务，运用特殊的方法和途径。具体来说，就是要以我们党的妇女工作理论为指导，以有关妇女问题的法律、法规、政策为依据，依托工会工作的发展，围绕党和工会的中心工作，以提高女职工素质和社会地位为目标，针对女职工的特点和特殊需求，切实维护她们的合法权益，团结和组织广大女职工为全面建成小康社会的宏伟目标建功立业。

（3）工会女职工工作属于妇女工作的一部分

工会女职工工作同普通妇女工作既有联系，又有差别。首先，工会女职工工作与普通的妇女工作具有共性，两者的共性是：团结、动员妇女投身改革开放和社会主义现代化建设，促进经济发展和社会全面进步；教育、引导广大妇女增强自尊、自信、自立、自强的精神；代表妇女参与国家和社会事务的民主管理、民主监督，参与有关妇女法律、法规和规章的制定，维护妇女合法权益。其次，工会女职工工作不同于普通妇女工作的特殊性。女职工是工人阶级的重要组成部分，工人阶级的先进性同样体现在她们身上，作为职业妇女，她们的经济地位、社会地位和生活工作状况决定了她们同其他妇女具有不同的利益要求。女职工自身的这种特殊性，决定了工会女职工工作不同于也不应当等同于普通的妇女工作。只有准确把握工会女职工工作的性质，才能正确有效地开展工会女职工工作。

4. 工会女职工工作的特点是什么？

女职工工作作为工会工作不可分割的一个重要组成部分，它既体现着工会工作的一般规律，又有鲜明的自身特点，主要表现在以下三个方面：

（1）女职工工作的特殊性

女职工工作的特殊性是由其工作对象的生理、心理特点所决定的。一是女职工特殊的生理。女性有月经、怀孕、生育、哺乳的特殊生理特征，需要进行“四期”保护；女性的心脏功能、肺脏功能、骨骼承受重力的能力等均弱于男性，需要在劳动和工作过程中进行特殊保护。虽然国家依据女性的特殊生理特征对女职工的劳动保护做了一系列的规定，但在现实生活中仍然不同程度地存在着忽视女职工特殊生理特征的情况。二是女职工特殊的心理。受“男强女弱”、“男主外、女主内”等传统观念的影响，部分女职工还存在自我束缚、自卑自闭、容易满足的心态，心理承受能力弱等。改革开放以来，女职工的参与意识和竞争意识在不断加强。但整体来看，女职工的心理还没有调整到位。

（2）女职工工作的相对独立性

女职工工作的特殊性决定了它工作的相对独立性。女职工的一系列特殊问题，需要有一个专门的女职工组织机构来独立负责、有针对性地开展工作，进行系统调查研究，综合分析，总结经验，找出它的规律性，以便更全面、更有效地代表和维护女职工的合法权益和特殊利益。因此，各级工会要按照《工会法》《中国工会章程》《工会女职工委员会工作条例》等有关规定，建立健全女职工组织，并从人员编制的配备和经费上予以保证。

（3）女职工工作的综合性

女职工工作的综合性是指女职工工作与国家有关部门和工会各业务部门的工作都有着密切联系，涉及女职工利益方面的工作内容广、领域宽，凡是有女职工的地方，都有女职工工作。女职工工作要融于整个工会工作之中，必须坚持“全会抓女职工工作，女职工工作为全局工作服务”的原则，统筹协调、整合工会内部的各项资源。工会各个职能部门在研究部署工作时，都应将女职工工作的有关内容纳入其中，积极配合、支持和协助女职工组织做好女职工工作。

5. 工会女职工工作的重要性如何体现？

工会女职工工作的重要性主要从女职工在劳动关系中所处的位置和工会在维护女职工合法权益的作用中得到体现。随着社会主义市场经济的发展与改革开放的不断推进，越来越多的女性投入到社会主义现代化建设上来，女性在社会的发展进步中发挥的作用也越来越大。但女性在工作中遇到了许多不公平待遇，如女职工的收入差距不断拉大；女职工的队伍结构发生了很大变化，其经济利益标准也随之发生改变；女职工面临着许多维权问题。

切实维护好女职工的合法权益，为女职工撑起一把“保护伞”，把广大女职工团结到工会中来，努力实现好、维护好、发展好广大女职工的合法权益，是工会女职工工作重要性的最好体现。

6. 工会女职工工作的作用体现在哪些方面？

工会女职工工作的作用主要体现在以下三个方面：

（1）维护女职工的合法权益作用

工会作为职工群众自愿结合的工人阶级群众组织，有责任将女职工工作列为一项专门工作，确定专门机构和专人负责。尤其是在企业、社会乃至女职工队伍自身都发生巨大变化的情况下，调查研究女职工中出现的新情况、新问题，不断总结解决问题的新经验，通过做好女职工工作来更好地维护女职工合法权益，维护好、实现好和发展好广大女职工的合法权益。

（2）发挥女职工“半边天”作用

同男职工一样，女职工同样是改革开放和社会主义现代化建设的主力军，全心全意依靠工人阶级的各项要求和工会的各项群众工作任务，也必须在女职工中落实。因此，做好女职工工作，有利于调动广大女职工的积极性，团结教育她们在社会化物质文明、政治文明、精神文明和社会文明建设中，发挥“半边天”作用，努力为社会作出自己的贡献。

（3）促进社会稳定作用

广大女职工在参与社会物质生产的同时，承担着人类自身生产的重任。因此，女职工为社会、为人类作出的是双重贡献。在家庭中，女职工作为妻子、母亲，是家庭的维系者；在单位中，女职工是生产劳动的组织者和建设者。做好女职工工作，使之不论是在工作上还是生活上都心情舒畅，意气风发，将有助于家庭的和谐、企事业的和谐，进而促进全社会的和谐。

7. 工会女职工工作的任务是什么？

根据《工会女职工委员会工作条例》的规定，工会女职工工作的任务应包括以下七个方面：

（1）团结动员女职工发扬工人阶级主人翁精神，积极投身改革开放和社会主义现代化建设，努力促进经济、政治、文化、社会和生态文明建设，为全面建成小康社会、把我国建设成为富强民主文明和谐的社会主义现代化国家、实现中华民族伟大复兴的中国梦而奋斗。

（2）依法维护女职工在政治、经济、文化、社会和家庭等方面的合法权益和特殊利益，同一切歧视、虐待、摧残、迫害女职工的行为作斗争。

（3）参与有关保护女职工权益的法律、法规、规章、政策的制定和完善，监督、协助有关部门贯彻实施。代表和组织女职工依照法律规定，参加本单位的民主管理和民主监督。参与平等协商、签订集体合同和女职工权益保护等专项集体合同工作，并参与监督执行。指导和帮助女职工与用人单位签订并履行劳动合同。参与涉及女职工特殊利益的劳动关系协调和劳动争议调解，及时反映侵害女职工权益问题，督促和参与侵权案件的调查处理。做好对困难女职工的帮扶救助工作。

（4）对女职工进行思想政治教育，引导女职工践行社会主义核心价值观，树立自尊、自信、自立、自强精神，全面提高女职工的思想道德、科学文化、业务技能和健康素质。

（5）积极发现、培养女性人才，及时向有关部门推荐优秀女性人才。

（6）会同工会有关部门和社会有关方面共同做好女职工工作。有关方面在研究决定涉及女职工利益的问题时，必须听取女职工组织的意见。

（7）与国际妇女组织开展友好交流活动，为妇女解放事业作出贡献。

8. 工会女职工工作的主要内容是什么？

在新的历史阶段，工会女职工工作的主要内容有以下四个方面：

（1）维护女职工的合法权益和特殊利益

维护女职工的合法权益和特殊利益是工会女职工组织的基本职责，这既是党对工会女职工组织提出的要求，也是广大女职工的迫切愿望。

维护女职工的合法权益和特殊利益主要包括以下五方面内容：一是代表和组织女职工参政议政，积极推动、参与女职工合法权益和特殊利益相关法律法规和政策的研究制定，积极参与协调劳动关系。二是监督和协助有关方面落实女职工权益保障相关政策法规，依法维护好女职工的合法权益和特殊利益。三是进行深入细致的调查研究，积极建言献策，及时向有关方面反映广大女职工的呼声与要求，推动女职工权益维护方面问题的解决。四是依法与一切侵犯女职工权益的行为作斗争。五是发挥女职工组织自身优势，为女职工困难群体排忧解难。

在维权工作中，各级工会女职工组织要加强源头参与、政策指导，推动保护女职工权益各项法规的贯彻落实。积极推进《劳动法》《劳动合同法》《妇女权益保障法》《工会法》《女职工劳动保护特别规定》等一系列法律法规的贯彻落实，使工会女职工组织参与管理国家和社会事务、管理经济和文化事业制度化、法律化，工会维护女职工自身权益的内容和方式制度化、法律化。通过多种渠道参与国家和地方的立法及政策的制定，通过工会组织中的人大代表和政协委员提出立法建议、议案和提案，参与法律、法规草案的研究、审议和修改；在工会与政府、企业代表进行劳动关系三方协商等过程中，发挥工会女职工组织的作用。

（2）团结动员和组织女职工在经济社会发展中建功立业

各级工会女职工组织要坚持以经济建设为中心，以科学发展为主题，全面推进经济建设、政治建设、文化建设、社会建设和生态文明建设，充分调动广大女职工投身全面建成小康社会、加快推进社会主义现代化建设的积极性和创造性。一是结合地区及行业特点，通过组织多种形式的劳动竞赛、技术革新、合理化建议等经济技术活动，努力搭建女职工建功立业的工作平台。二是建立激励机制，对开展建功立业活动中涌现出来的先进女职工进行表彰。三是大力宣传女职工在参与全面建成小康社会中的积极作用，弘扬劳模精神，鼓励女职工在本职岗位上作出积极贡献。

（3）提高女职工队伍的整体素质

提高女职工队伍的整体素质既是女职工进步与发展的内在要求，也是工会女职工组织的职责所在。一是教育和帮助女职工树立正确的世界观、人生观和价值观，培养“四自”精神。二是动员和组织女职工积极参与本单位、本行业“创建学习型组织、争做知识型职工”等活动。三是结合职工培训工作及女职工的特殊需求，组织开展岗位技能培训，维护女职工的学习权和发展权，增强女职工的学习能力、创新能力、竞争能力和创业能力。

（4）加强女职工组织的自身建设

实现工会女职工工作的创新与发展，必须大力加强工会女职工组织的自身建设。一是依托工会组建，建立健全各级工会女职工工作组织体系。二是增强各级工会，尤其是基层工会女职工组织的活力，促进女职工组织作用的发挥。三是加强工会女职工工作干部的培训，为提高她们的整体工作水平创造条件。四是推动落实好女职工工作干部的待遇，培养、推荐优秀的女职工工作干部，疏通干部交流渠道。

9. 女职工工作面临的新情况和新变化有哪些？

当前，我国正处于发展的重要战略机遇期，工会女职工工作既面临良好的社会环境和难得的发展机遇，同时又面临着严峻的挑战和一些新的情况和问题，概括起来主要有以下五个方面：

（1）女职工群体结构的新变化

随着我国经济体制改革的不断深化和所有制结构、产业结构的调整，社会经济成分、组织形式、就业方式、利益关系和分配方式日益呈现多样化；女职工队伍总量在呈上升趋势的同时，利益格局和群体结构也发生了深刻的变化；伴随着我国工业化、城镇化进程的加快，大量农村妇女劳动力向非农产业和城镇转移，女农民工成为女职工群体的重要组成部分。

（2）女职工队伍分布流向的新变化

在改革开放的进程中，社会流动机制的更新，使社会成员流动速度不断加快，女职工队伍分布流向也发生了变化，国有、集体企业和传统产业的女职工人数在减少，非公有制企业女职工队伍迅速扩大。工会女职工组织比较健全的传统领域女职工在减少，比较薄弱的非公经济组织包括女农民工、女劳务派遣工在内的女职工大量增加，女职工队伍分布流向发生新的变化，使现行基层工会女职工组织设置难以充分有效地覆盖女职工。

（3）女职工维权需求的新变化

当前我国处于发展的重要战略机遇期和社会矛盾凸显期，社会快速发展和急剧转型、职工队伍内部不同群体利益诉求差异扩大、利益协调难度增加、劳动关系复杂多变、不和谐不稳定因素增多，特别是农民工、劳务派遣工、灵活就业人员中女职工群体的权益维护面临许多新情况新问题。

（4）女职工在素质提升、劳动就业、劳动保护、特殊权益维护等方面存在的问题

女职工整体素质依然偏低，与新阶段经济社会发展需求不相适应；劳动用工制度不规范，用工中歧视女性现象仍然存在；女职工劳动保护不落实、不到位，一些女职工比较集中的行业企业存在严重的职业危害隐患，特别是纺织、制鞋、制革、箱包企业的生产车间，粉尘、噪音、有毒气体等超标，劳动安全卫生条件得不到改善；企业社会保险参保率低，尤其是生育保险参保率更低。这些问题的存在，给女职工工作带来了新的挑战。

（5）部分女职工心理压力较大

部分女职工因工作和生活压力较大形成一定的心理障碍，新生代女农民工更为突出。调查中了解到，压力主要来自工作，其次是来自家庭经济和子女教育两个方面，女职工因心理压力过大造成的恶性事件也时有发生。

10. 工会女职工工作如何创新发展？

创新是工会女职工组织永葆生机活力的源泉。在社会变革和市场经济日益发展的新时期，社会经济、劳动关系越来越复杂多变，工会女职工组织要跟上时代的发展，在全面建成小康社会大局中发挥作用，必须与时俱进，以创新求突破、以创新求发展。

（1）围绕履行基本职责求创新

工会女职工组织要围绕履行维护女职工合法权益和特殊利益的基本职责，努力探索完善在工会组织领导下的维权新机制、新途径和新方法。坚持主动、科学、依法维权的工会维权观，一切以竭诚为广大女职工群众服务，代表好、维护好女职工的合法权益和特殊利益为工作目标。紧紧围绕党和国家的大局，坚持维护全国人民总体利益与维护女职工群体具体利益的统一；坚持维护女职工经济利益、民主政治权利、精神文化权益和社会利益的统一；坚持因地制宜，结合实际，认真履行好工会女职工组织的基本职责。积极探索不同层面、不同类型、不同所有制企业女职工维权工作的有效载体和有效形式；积极探索维护不同群体女职工权益，努力推动维权工作的不断创新和发展，使工会女职工组织的维权工作更有活力和作为。

（2）围绕自身建设求创新

工会女职工组织和女职工工作干部要按照“发展要有新思路、改革要有新突破、开放要有新局面、各项工作要有新举措”的总体要求，围绕工会女职工组织自身改革和建设，不断实现开拓创新。

在理论上创新。女职工工作要以邓小平理论、“三个代表”重要思想、科学发展观为指导，把理论创新贯穿于理论研究的全过程，着眼于马克思主义妇女理论的运用，着眼于对现实问题的理论思考，着眼于新的实践和新的发展。深入研究带有全局性、战略性、前瞻性的重大问题，深入研究广大女职工关注的热点、难点问题，善于把基层的鲜活经验提炼、升华为富有时代精神的女职工工作理论，为开创女职工工作新局面提供有力的理论支持。

在机制上创新。在女职工工作的运行模式、活动规则、考核评价体系等方面，要着眼于发展，着力创新，在革除制约发展的障碍上探索新的路子，在建立促进发展的机制上实施新举措，努力构建有利于女职工工作的科学、高效、规范的发展机制，进一步完善社会化、群众化的女职工工作格局。

在工作方法上创新。女职工组织要积极探索新形势下的有效工作方法，紧密结合女职工思想实际和生产生活实际，最大限度地整合社会资源和工会内部资源，最大限度地发挥整体优势，协调各方力量，形成合力，有效地推进工会女职工工作。树立品牌意识和精品意识，运用先进的理念，形成内外结合、上下联动、整体推进的工作局面，不断拓展工作领域，全面提升女职工工作的水平和社会影响力，把新形势下的工会女职工工作做好、做实、做强。

（3）以与时俱进的精神求创新

在新的形势下，要最大限度地把女职工群众组织到工会中来，增强工会女职工组织的吸引力和凝聚力，就必须把邓小平理论、“三个代表”重要思想、科学发展观重要理论贯彻到工会女职工组织的各项工作中去，用党的大政方针统一思想、统揽全局。在工作中，要以与时俱进的精神研究新情况、解决新问题。一定要把握规律性，富于创造性。应当看到，随着社会的发展和受社会竞争环境的影响，女职工的自主意识、竞争意识、民主意识、法制意识明显增强，同时，女职工的价值观念、道德标准、文明意识也发生了新的变化。工会女职工工作干部必须勇敢地面对挑战，自觉地把思想认识从那些不合时宜的观念、做法和体制的束缚中解放出来，从主观主义和形而上学的桎梏中解放出来，始终保持与时俱进的精神状态，在实现全面建成小康社会的进程中，不断推进工会女职工工作的发展。

11. 工会女职工组织宣传工作的主要内容有哪些?

工会女职工组织宣传工作的主要内容具体包括以下几个方面：

（1）紧紧围绕党和国家工作大局和工会工作全局，宣传党的全心全意依靠工人阶级的根本指导方针的宣传，加强国家保护女职工权益法律法规政策的宣传，引导广大女职工进一步坚定永远跟党走的政治信念，增强坚定不移走中国特色社会主义道路的信心和决心，把思想和行动统一到中央的决策部署上来，进一步打牢团结奋进的共同思想基础，为推动科学发展、促进社会和谐提供思想保证和精神动力。

（2）广泛宣传工会工作理论及工会女职工工作在推进妇女事业和促进社会发展中的积极作用，大力宣传工会女职工工作，宣传优秀女职工的先进事迹，及时报道各级工会女职工组织的工作成绩，全面反映广大女职工的所需所盼和诉求，为工会工作和女职工工作营造和谐的舆论氛围。

（3）整合工会系统内外宣传资源，形成宣传合力，运用好《工人日报》、《中国妇女报》、中国工人出版社、全国工会女职工工作网等宣传主阵地，加强策划，充分发挥社会主流媒体的作用，争取更多的版面和时段，通过典型宣传、热点引导、舆论监督等方式，提高宣传工作水平，增强宣传实效。

12. 宣传工会女职工工作的基本形式有哪些?

（1）文字形式

主要包括两类：一是利用公文、资料、书籍、广告、标语、口号等形式。二是利用刊物作为提供新闻、信息、文化服务的重要载体。

（2）活动形式

主要包括三类：一是举办各类专题报告会、座谈会、现场会。二是开展各种形式的社会调查、专题采访等。三是进行集体或个人形式的对话或访谈等。

（3）广播形式

广播是最早出现的电子大众媒介，在信息传递方面仍显示出巨大的优越性，是宣传工会工作的重要载体和渠道。

（4）影视形式

电视集信息传播服务和娱乐于一身，生动、直观、活泼，在媒体中具有明显的优势，是工会女职工工作宣传的重要的形式。

（5）网络形式

互联网是继报刊、广播和电视之后的第四大媒体，也是工会女职工工作宣传的重要形式。网络阵地的建设、开发与运用，将是当前和今后一个时期工会女职工工作宣传面临的重要课题和长期任务。

13. 工会女职工工作的主要宣传平台有哪些?

（1）中国工会女职工工作网

中国工会女职工工作网是全国总工会女职工委员会办公室负责管理的一个传播、交流工会女职工工作信息的专业网站。目前设有“组织简介”等13个栏目和“维权咨询”、“对女职工工作的建议”、“网站完善”3个留言互动平台。自2006年12月建立以来，它得到了各级工会女职工组织的支持和关注。

（2）工会系统的报纸杂志

《工人日报》《工会信息》《工会工作通讯》《工运研究》等工会系统的报纸杂志类宣传平台。

（3）《工作情况交流》女职工部专版

工会女职工版《工作情况交流》是以全国总工会办公厅名义下发的每年6期的工会女职工工作专刊，是各级工会女职工组织了解全局工作、拓展工作思路、交流借鉴经验的重要平台，是全国总工会女职工委员会加强工作指导的重要载体。该刊目前发至全国总工会女职工委员会顾问、委员、各省（区、市）总工会女职工部、工会女职工工作联系点。

（4）《中国妇女报》

《中国妇女报》是大力宣传、推动妇女事业发展、宣传包括女职工工作在内的妇女事业发展主旋律的重要载体。目前，《中国妇女报》开设了全方位、多角度反映、宣传广大女职工群体、女职工工作的职业女性专版，为女职工提供展示风采、思想互动，工作和学习交流的新平台。

（5）社会媒体

围绕工会女职工工作重点，利用电视、广播、报刊、网站等社会主流媒体，报道工会女职工组织的工作和会议、活动，宣传工会女职工工作和女职工的先进典型，具有规划性强、宣传声势大、宣传效果好的优势。

14. 如何加强工会女职工组织的宣传工作？

（1）提高舆论引导能力

提高舆论引导能力，不断满足女职工的精神文化需求，最大限度地把女职工群众凝聚在一起，为促进社会发展和维护社会稳定作出积极贡献，需要切实加强工会女职工组织的宣传工作。

（2）加强机制建设

要建立健全与政府有关部门和主流媒体的联系沟通机制，合力推进宣传工作；建立日常工作责任制度，及时关注网络中涉及女职工权益维护的热点问题，提升网络舆论引导能力；建立完善考核评价与激励机制，激发各级工会女职工组织宣传队伍的积极性、主动性和创造性。

（3）加强阵地建设

在巩固现有宣传阵地的基础上，不断提高运用新兴媒体的能力，进一步拓展宣传阵地；完善信息网络建设，推动女职工组织宣传工作纳入工会宣传工作统一部署，努力构建全方位、多层次、多形式的宣传格局。

（4）加强队伍建设

采取有效措施引导各级工会女职工组织宣传工作干部进一步提高分析问题、解决问题和应对突发事件的能力，不断创新工作观念和工作方法，以女职工关注的难点和热点为宣传重点，始终立足于维护广大女职工的合法权益和特殊利益。

（5）加强载体创新

树立品牌意识，围绕工会宣传工作整体部署，结合女职工工作、女职工组织和女职工实际，精心策划和设计有特色、实用性强的工作载体与平台，增强宣传工作的针对性、实效性和吸引力、感染力，不断扩大宣传工作的覆盖面和影响力。

【范例】

以改革创新精神推动工会女职工工作实现新发展

——范继英同志在全总女职工委员会六届二次会议上的工作报告（节选）

（2015 年 3 月 2 日）

二、2015 年工会女职工工作的主要任务

2015 年工会女职工工作的总体要求是：全面贯彻党的十八大和十八届三中、四中全会精神，深入学习贯彻习近平总书记系列重要讲话精神，紧紧围绕“四个全面”战略布局，学习贯彻《中共中央关于加强和改进党的群团工作的意见》，贯彻落实全总十六届三次执委会议精神，坚持走中国特色社会主义工会发展道路，牢牢把握我国工人运动的时代主题，贯彻男女平等基本国策，强化服务意识，提高维权能力，建设服务型基层工会女职工组织，团结动员广大女职工在社会生活和家庭

生活中发挥独特作用，推动工会女职工工作的创新发展。

（一）深入学习贯彻习近平总书记系列重要讲话精神，把思想和行动统一到中央精神上来。

习近平总书记系列重要讲话是引领全党全国人民为实现中国梦团结奋斗的行动指南，习总书记对工会工作和妇女工作作出的一系列重要指示，为我们在新的历史起点上推进工会女职工工作进一步指明了方向。一是要全面把握党和国家事业发展对工会女职工工作的新要求。党的十八大以来，以习近平同志为总书记的党中央对全面建成小康社会、全面深化改革、全面推进依法治国、全面从严治党各项工作作出重大部署，这是当前和今后一个时期党和国家的中心任务。各级工会女职工组织要按照“四个全面”战略布局的要求，以改革创新精神推进工会女职工工作，进一步增强政治意识、大局意识、责任意识，找准服务党和国家工作大局、服务工会工作全局的结合点和着力点。二是要用习近平总书记重要讲话精神指导工会女职工工作。习近平总书记关于工人阶级和工会工作的重要论述，提出了一系列新思想新观点新论断新要求，是工会工作的根本遵循，对工会女职工工作具有重要指导意义。各级工会女职工组织要牢牢把握我国工人运动的时代主题，坚持走中国特色社会主义工会发展道路，始终坚持党的领导，始终保持工会女职工工作的正确政治方向。要深入实际、深入基层，加强调查研究，尤其在工会女职工工作重要理论和实践问题上深入思考、理清思路，科学把握工会女职工工作的特点和规律，落实好党对工会工作的要求，回应广大女职工的期待，推动工会女职工工作的创新发展。三是要引导广大女职工树立为实现中国梦奋斗的理想信念。深入开展“中国梦·劳动美——女职工在行动”主题教育活动，通过读书会、报告会、研讨会等多种形式，在广大女职工中持续开展中国梦宣传教育，引导广大女职工不断增强道路自信、理论自信、制度自信，把广大女职工凝聚在党的周围，听党话、跟党走，把个人的理想融入国家和民族的伟大梦想之中，汇聚同心共筑中国梦的强大力量。

（二）主动适应经济发展新常态，充分发挥广大女职工在促进改革发展稳定中的积极作用。

我们要认真研究经济发展新常态给工会女职工工作带来的机遇与挑战，立足基本职责、发挥独特作用，团结动员广大女职工为促进改革发展、维护社会稳定贡献力量。一是引导广大女职工在经济发展新常态中建功立业。深入实施“女职工提升素质建功立业工程”，制定《关于深入实施“女职工提升素质建功立业工程”的意见》，进一步明确新形势下“女职工提升素质建功立业工程”的指导思想、总体目标、主要任务和工作要求。女职工培训示范学校要在助推女职工就业创业方面发挥积极作用，大力开展适应实际岗位需求的技术技能培训，提高女职工自我发展能力，动员引导广大女职工积极投身经济新领域、新业态，在大众创业、万众创新中实现自身价值。同时，动员引导广大女职工立足本职、爱岗敬业、争创一流，推进女职工创新班组、创新团队建设，培育更多的“女职工创新工作室”，组织广大女职工积极参加各类劳动竞赛、职业技能大赛等活动，激励广大女职工大力弘扬自尊自信自立自强精神，通过辛勤劳动、诚实劳动、科学劳动创造更加美好的生活。二是引导广大女职工做全面深化改革的支持者参与者推动者。广大女职工是全面深化改革的受益者，也应该是改革的坚定支持者和积极推动者。要有针对性地做好女职工的思想工作，积极宣传解读与女职工利益相关的改革政策，帮助广大女职工坚定改革的信心决心，支持改革，参与改革，夯实全面深化改革的群众基础。要围绕相关改革任务，主动加强与有关部门的联系，积极反映女职工对改革的愿望和诉求，主动回应广大女职工的利益关切，代表和维护女职工合法权益和特殊利益。三是引导广大女职工尊法学法守法用法。全总十六届三次执委会议审议通过了《中华全国总工会关于贯彻落实党的十八届四中全会精神大力推进工会工作法治化建设的实施意见》，各级工会女职工组织要认真学习领会，结合工作实际，广泛开展面向广大女职工的普法宣传教育，组织开展以“女职工法治宣传教育与权益维护”为主题的“女职工维权行动月”活动，宣传以宪法为核心的中国特色社会主义法律体系，宣传保障女职工合法权益和特殊利益的相关法律法规，引导广大女职工增强法治观念，弘扬法治精神，做社会主义法治的忠实崇尚者、自觉遵守者、坚定捍卫者，养成自觉守法、遇事找法、解决问题靠法的行为习惯，维护法律权威，促进全民守法。

（三）组织引导广大女职工在弘扬中华民族家庭美德、树立良好家风方面发挥独特作用，促进家庭建设。

党的十八大以来，习近平总书记对家庭建设作出了一系列重要论述，强调要注重发挥妇女在社会生活和家庭生活中的独特作用，以好的家风支撑起好的社会风气。在今年春节团拜会上，习近平总书记深刻阐述了家庭建设与国家发展的辩证关系，强调不论时代发生多大变化，不论生活格局发生多大变化，我们都要重视家庭建设，注重家庭、注重家教、注重家风。我们要深入学习领会、坚决贯彻落实总书记重要指示精神，充分发挥工会女职工组织联系广大女职工的优势，创新工作载体和工作方式，引导广大女职工自觉践行社会主义核心价值观，以良好家风引领社会文明新风。一是充分认识广大女职工在家庭建设中的不可替代作用。家庭是社会的细胞，家庭是培育和践行社会主义核心价值观的重要阵地。广大女职工在家庭生活中扮演重要角色，是家庭和谐的重要贡献者，也是家庭和谐的最大受益者。各级工会女职工组织要高度重视家庭建设工作，谋划工作载体，策划主题活动，开展广大女职工喜闻乐见的活动，发挥工会女职工组织在家庭建设中的积极作用。二是在广大女职工中开展弘扬中华民族家庭美德、树立良好家风方面的教育培训引导工作。各级工会女职工组织要围绕夫妻和睦、尊老爱幼、科学教子、邻里互助等主要内容，通过举办专题讲座、报告会、交流会、案例分析等多种形式，用科学方法引导广大女职工建设幸福美满的家庭生活，以孝敬亲情和睦家庭，以明礼贤德教化子女，以诚信友善融洽邻里，以良好家风沁润社会，有的放矢地将社会主义核心价值观的要求融入家风之中。要充分发挥女职工培训示范学校、女职工周末学校、女职工流动课堂的阵地作用，有针对性地开展推动家庭建设的教育培训活动。三是坚持正面引导、典型引路，大力宣传先进女职工典型。各级工会女职工组织要把培养和发现先进女职工典型作为一项重要工作任务，作为一项重要工作方法，善于总结发现先进典型，充分利用2015年开展全国五一巾帼奖状（奖章）和全国五一巾帼标兵岗（标兵）评选表彰活动等有利时机，运用传统媒体和新兴媒体，大力宣传广大女职工在社会生活和家庭生活中的独特作用，带动更多女职工自尊自信自立自强，弘扬真善美、贬斥假恶丑，自觉践行社会主义核心价值观。

（四）维护女职工合法权益和特殊利益，把联系和服务女职工的工作落到实处。

依法维护女职工的合法权益和特殊利益是工会女职工组织的基本职责，联系和服务女职工是工会女职工工作的生命线。今年是我国正式提出男女平等基本国策20周年。各级工会女职工组织要坚持真情服务与依法维权相结合，把依法维权和服务女职工摆在更加突出的位置。一是认真分析研究经济新常态下女职工权益实现出现的新情况新问题。要紧密结合宏观经济形势，围绕保障基本民生、稳定就业岗位、保障工资收入、改善劳动条件、保护女职工生命安全健康等方面的权益开展分析研究，高度重视经济新常态下女职工生产生活方面可能遇到的困难和问题，比如，经济结构的调整和转型升级的加快，将对女职工技能素质提出更高的要求；比如，在经济速度换挡期，企业兼并重组、下岗分流的情况可能会增加，将给女职工劳动就业权益的实现带来一定影响；再比如，国家“单独两孩”政策的实施，将对女职工的就业和发展带来新的挑战。各级工会女职工组织要主动依法科学维权，既要旗帜鲜明地维护女职工合法权益和特殊利益，又要引导女职工自觉维护社会和谐稳定。二是在依法维护女职工合法权益和特殊利益中主动作为。要从源头参与入手，积极参与涉及女职工权益法律法规的制定和实施。

《特别规定》是我国加强女职工劳动保护、保障女职工权益的重要法规。各级工会女职工组织要继续推动《特别规定》的贯彻落实，各省（区、市）工会女职工组织要积极与有关部门沟通协调，推动制定《特别规定》的实施办法及细则。全总女职工委员会将积极协调有关部门进一步重视女职工劳动保护工作，维护好女职工的特殊权益，推动女职工禁忌劳动范围及相关劳动标准的研究立项工作，不断促进女职工权益保护法律政策体系的健全和完善。各级工会女职工组织要进一步强化女职工专项合同工作，把《特别规定》中的重要内容纳入女职工专项合同，依托企事业单位职工代表大会（职工大会）平台，确保职代会中有适当比例的女职工代表，依法协商解决涉及女职工切身利益的重大问题，不断提高合同覆盖率、签约质量和履约率，今年全总女职工委员会将召开女职工专项合同工作现场交流会。推动企业落实《劳务派遣暂行规定》，维护女劳务派遣工的合法权益和特殊利益。继续推广上海市总工会推出的“爱心妈咪小屋”建设的经验，按照因地制宜、循序渐进的原则，率先在经济社会发展水平较高的大中城市中实施，使其成为女职工“四期”保护工作的重要载体。在深入调查研究的基础上，制定《关于进一步加强女职工特殊权益维护工作的意见》。三是以需求为导向为广大女职工提供有效服务。把女职工的需求作为工作导向，女职工有什么困难，工会女职工组织就尽力帮助解决什么困难。要抓住女职工最关心最直接最现实的利益问题，最困难最操心最忧虑的实际问题，创新服务手段和服务方式，提高服务女职工工作水平。深入实施“女职工关爱行动”，不断拓展“女职工关爱行动”的内涵和外延，把困难帮扶、就业服务、心理疏导、婚恋服务作为“女职工关爱行动”的重点内容，有针对性地开展服务，提高精准化、精细化水平，满足女职工的多样化需求。要加大对女农民工特别是新生代女农民工、单亲困难女职工等群体的帮扶力度，多做雪中送炭的事，把党和政府的关怀传递到女职工的心坎上，把服务送到广大女职工身边。在深入调查研究的基础上，印发《关于深入实施“女职工关爱行动”的通知》。

（五）建设服务型基层工会女职工组织，不断提高工会女职工工作的有效覆盖。

为贯彻落实习近平总书记重要批示精神，全总把2015年作为加强基层工会建设的“落实年”。各级工会女职工组织要认真贯彻落实全总十六届三次执委会议精神，按照“三个着力”的要求加强自身建设，建设服务型基层工会女职工组织，以服务增强工会女职工组织的吸引力和凝聚力，不断提高工会女职工工作的有效覆盖。一是充分认识建设服务型基层工会女职工组织的重要性和紧迫性。建设服务型基层工会女职工组织，是新形势下加强党的群众工作、扩大党的群众基础的客观需要，是工会女职工组织义不容辞的政治责任，是广大女职工对工会女职工组织的热切期待。只有树立服务意识，强化服务功能，增强服务实效，代表和维护女职工的合法权益和特殊利益，才能最广泛地把广大女职工吸引过来、凝聚起来。当前，基层工会女职工组织的服务能力与女职工的多元化需求还很不适应，我们要以建设服务型基层工会女职工组织为抓手，更加有效地激发基层工会女职工组织活力，更好地发挥职能作用和组织优势，通过有效的活动和服务，增强广大女职工对工会女职工组织的认同感。二是明确建设服务型基层工会女职工组织的目标要求。建设服务型基层工会女职工组织，必须坚持党的领导、坚持发挥工会女职工组织的职能优势、坚持工作重心下移，在女职工所急、党政所需、工会女职工组织所能上找准切入点和着力点，把服务大局、服务女职工、服务基层落到实处。通过建设服务型基层工会女职工组织，使基层工会女职工组织的组织形态、队伍建设、活动方式更加符合广大女职工的需要，使广大女职工得到更直接、更便捷、更高效的服务，使基层工会女职工组织成为工会组织做好党的群众工作的重要力量。三是进一步加强基层工会女职工组织建设。认真贯彻落实《中华全国总工会关于新形势下加强基层工会建设的意见》，坚持以工会组织建设带动工会女职工组织建设，把乡镇（街道）工会、开发区（工业园区）工会、基层工会联合会作为工会女职工组织建设和规范化建设的重点领域，创新基层工会女职工组织的组织体制、运行机制和活动方式，不断扩大组织覆盖面。要进一步加强基层工会女职工工作干部队伍建设，加强教育培训，强化实践锻炼，提高履职能力。

二 工会女职工委员必读的基础知识

15. 工会女职工委员如何配备？

根据《工会女职工委员会工作条例》的规定，县以上工会女职工委员会常务委员会由主任一人、副主任若干人、常委若干人组成。女职工委员会主任由同级工会女主席或女副主席担任，也可经民主协商，按照相应条件配备女职工委员会主任，享受同级工会副主席待遇。女职工委员会主任应提名为同级工会委员会或常务委员会委员候选人。女职工200人以上的企业、事业单位工会女职工委员会，应配备专职女职工工作干部。

工会女职工委员会委员在充分协商的基础上产生或召开女职工大会（女职工代表大会）选举产生。基层工会女职工委员会主任、副主任与工会委员会同时报上级工会审批。

16. 工会女职工委员的任期是多久？

女职工委员会委员任期与同级工会委员会委员任期相同，一般为3至5年。在任期内，由于委员的工作变动等因素需要调整时，由工会女职工委员会提出相应的替补、增补人选，经同级工会委员会审议通过予以替补、增补。

17. 工会女职工委员的选配条件是什么？

各级工会女职工委员会要按照革命化、年轻化、知识化、专业化的要求和德才兼备的原则，努力建设一支政治坚定、业务扎实、作风过硬、廉洁自律、热爱女职工工作、深受女职工群众信赖的干部队伍。

18. 工会女职工委员应具备哪些政治思想素质?

（1）始终坚持坚定正确的政治立场，保持清醒的政治头脑，不断增强政治敏锐性和政治鉴别力，善于从政治上、大局上认识和把握问题，在思想上、政治上、行动上与党中央保持高度一致。

（2）坚持党的基本理论、基本路线、基本纲领、基本经验，认真学习和贯彻执行党的路线、方针、政策；以邓小平理论、“三个代表”重要思想、科学发展观重要理论为行动指南，用马克思主义的立场、观点和方法分析解决问题。

（3）全面把握社会主义核心价值体系，树立正确的世界观、人生观、价值观，忠诚于党的事业，淡泊名利，甘于奉献，热爱工会女职工工作。

（4）认真学习党中央关于工人阶级、工会工作的一系列重要指示，学习中国特色社会主义工会发展道路理论，坚持以正确的思想和理论指导工会女职工工作，把党的宗旨体现在工会女职工工作的各项实践中。

（5）牢固树立大局意识，自觉把工会女职工工作放到党和国家工作大局及工会工作全局中去思考和定位，不断提高驾驭工会女职工工作全局和处理复杂局面的本领。

19. 工会女职工委员应具备哪些业务素质?

（1）认真学习国家有关法律法规和大政方针，及时跟进新的政策动向，找准与工会女职工工作的结合点。

（2）认真学习工运理论、工运历史和工会发展史，准确把握工运事业基本规律。

（3）认真学习《工会法》《劳动合同法》《妇女权益保障法》等相关法律法规，通晓劳动就业、工资分配、社会保障、劳动安全等有关规定。

（4）熟悉妇运理论，了解心理、生理、教育、伦理等与女职工联系紧密的各方面业务知识。

（5）按照复合型干部的要求，不断优化知识和能力结构，及时补充市场经济、现代管理等各项新知识，注重培养和锻炼观察事物和综合分析问题的能力，调查研究和解决实际问题的能力，组织管理和协调的能力，宣传号召的能力，以及相应的沟通疏导和社会交往的能力。

20. 工会女职工委员应树立哪些责任意识？

（1）必须牢固树立群众观点，坚持群众路线，增强群众意识，站稳群众立场，始终把竭诚为群众特别是女职工服务作为一切工作的出发点和落脚点。

（2）必须具有强烈的事业心和责任感，热心、专心、安心于工会女职工工作。

（3）对女职工群众怀有深厚的感情，尊重、理解女职工，信任、关怀女职工，倾听她们的呼声，反映她们的愿望，关心她们的生活，满腔热情地为她们办好事实事。

（4）能够动之以情、晓之以理、耐心说服，做好女职工的思想工作。

（5）遇到歧视和迫害女职工、侵犯女职工权益现象时，能够挺身而出，坚持原则，据理力争，依法维护女职工合法权益和特殊利益。

21. 工会女职工委员应遵循怎样的工作作风？

作风是凝聚意志、激发活力，提升工会组织凝聚力和战斗力的重要保证。工作作风不仅关系到女职工委员的形象，也关系到女职工工作的效果。中国特色社会主义工会发展道路指明了要坚持奋发向上、百折不挠的精神，弘扬勤俭节约、艰苦奋斗的作风，努力克服形式主义、官僚主义和机关化、行政化倾向，深入基层群众，把更多精力用在察实情、办实事上，坚持讲真话、报实情、求实效。作为一名新时期的工会女职工工作者，必须具备求真务实的作风，深入实际，调查研究，掌握第一手材料，认真研究问题，努力真抓实干，为女职工办实事、解难题，在全社会树立工会女职工工作者的良好形象。

22. 工会女职工委员应具备怎样的心理素质？

心理素质包括个人涵养和理智水平等方面。由于每个人性格、涵养以及驾驭理智的能力不同，也会导致对工作效果一定程度的影响。较好的心理素质，表现在具有处理现实中各类问题时的稳定情绪、镇定态度，以及工作和生活中的良好行为习惯。通常影响女职工委员心理健康的因素有工作压力、婚姻家庭、人际关系和自身因素。提升女职工委员心理素质的途径有以下几点：（1）倡导健康的生活理念；（2）营造和谐的工作氛围；（3）消除心理障碍；（4）心理自我调节；（5）开展丰富的文体活动。

23. 工会女职工委员应着重增强哪些能力？

概括起来讲，工会女职工委员应着重增强以下七种能力：

（1）研判力

即要提高工会女职工委员调查研究、分析判断事物的能力。工会女职工委员在调研过程中一要掌握调研程序，二要掌握调研原则，三要掌握调研方法，四要对调查材料进行分析和研究。

（2）服务力

即要提高工会女职工委员服务基层、解决实际问题的能力。要善于运用网络舆情对问题进行分析判断，对职工群众进行正确引导，缩小工会与职工群众直接的距离。还应当注重新型传播渠道的建立，譬如建立工会微信公众平台。

（3）公信力

即要提高工会女职工委员依法办事、赢得职工信任的能力。工会女职工委员一方面要及时善于运用法律来解决劳动关系双方的矛盾，另一方面要善于教育、引导职工群众自觉运用法律和制度来维护自身权利。通过从思想、观念、态度、情感、信息等方面的沟通交流，改善工会与职工群众的关系，塑造工会形象。

（4）沟通力

即要提高工会女职工委员沟通交流、协调劳动关系的能力。工会女职工委员在工作中一要善于倾听职工的诉说，从中发现问题。二要善于用生动语言向职工群众宣传有关政策法规制度，疏导职工群众不良情绪。三要善于向本单位党组织汇报工会工作，向本单位行政通报工会工作，向本单位职工报告工会工作，取得本单位党组织、行政和职工群众对工会女职工工作的理解和支持。

（5）整合力

即要提高工会女职工委员统筹兼顾、处理复杂问题的能力。要了解女职工群众工作主体的丰富性、多样性、综合性、创新性，在实际工作中需要工会女职工工作干部认真思考各个方面的因素，进行综合处理。

（6）学习力

即要提高工会女职工委员自身学习、做好群众工作的能力。工会女职工委员要深入到女职工群众当中去，拜女职工群众为师，在同女职工群众朝夕相处中增进对女职工群众的深厚感情，在协调劳动关系中提高为女职工群众服务的本领。

（7）应变力

即要提高工会女职工委员创新思维、善于随机应变的能力。一要提高观察能力和情报意识，要搜集一切对工会工作有帮助的情报。二要掌握应变的基本功，在工作中要做到处变不惊、以不变应万变等。三要打破既定的思维模式，充分激发自己的想象力，找到解决问题的灵感。

24. 工会女职工委员如何在工作中加强实践锻炼？

由于脱产学习机会有限，在工作实践中学习提高，已成为工会女职工委员提高自身素质的最重要途径。各级工会女职工组织应积极提倡和支持广大工会女职工委员结合自己工作的实际需要，利用业余时间通过参加各类成人业余教育，在职学习与女职工工作有关的法律及管理等方面的相关知识，提高业务能力和知识水平。还可通过选送优秀女职工委员到上级工会工作、到基层挂职锻炼等方式，提高其素质和工作能力。

【范例】

××学校工会女职工委员工作职责

一、维护女职工的合法权益，维护女职工在政治、经济、文化、教育、劳动及社会、家庭等方面的权利。同侵犯女教职工的合法权益和歧视、虐待、摧残、迫害妇女、儿童的行为做斗争。

二、协助行政贯彻执行有关女职工劳动保护的政策、法令、规定，建立健全女教职工保护制度和措施，保护女教职工身心健康。

三、围绕学校的中心任务和工会的重点工作，对女教职工进行爱国主义、社会主义、集体主义、职业道德、家庭美德教育，努力提高女教职工自身素质。

四、在女职工中开展“自尊、自信、自立、自强”为主要内容的“四自”教育，引导女职工做有理想、有道德、有文化、有纪律的职工。积极做好教学、科研、管理、服务等各项本职工作，在学校改革和发展中贡献聪明才智，发挥积极作用。

五、组织女教师积极参与学校的教育改革和民主管理。协助教代会的女代表，征集女教职工的意见和要求，并向有关部门推荐优秀女干部。

六、为女职工办实事、办好事，帮助女教职工处理好恋爱、婚姻、家庭等问题，解除女职工的后顾之忧。

七、协助行政做好妇女保健工作。贯彻女教职工劳动保护有关政策，法律、法规，组织女教职工进行身体检查，组织医务人员向女教职工讲解妇幼保健卫生知识。

八、教育女教职工积极响应政府计划生育的号召，协助计生办做好计划生育工作，建立健全计生工作档案。

九、与学校妇委会共同抓好“三八”妇女节、“六一”儿童节的庆祝纪念活动。在女教职工中开展“三八”红旗手、“巾帼文明岗”评比表彰活动。

十、举办适合女教职工特点的活动，促进女教职工的身心健康。

十一、结合学校女教职工工作特点，制订计划、布置工作、总结、表彰和进行工作经验交流，理论研讨等。

十二、完成学院领导和工会交办的其他工作任务。

三　工会女职工组织

25. 工会女职工组织机构有哪些？

工会女职工组织机构大致可以分为全国性机构、地方性机构、产业性机构和基层组织。

（1）全国性工会女职工组织机构

全国总工会女职工委员会是在全总领导下的具有民主性、代表性的全国性的女职工组织。全国总工会女职工委员会委员，由各省、直辖市、自治区总工会和中央直属机关、中央国家机关工会联合会与各全国产业工会的女主席（或副主席）、女职工委员会主任，中共中央、国家机关有关部门及全国总工会机关相关业务部门负责人，社会女专家学者等组成，并设顾问若干人。全国总工会女职工委员会主任由全国总工会分管女职工工作的女副主席担任，副主任由全国总工会女职工部部长及副部长担任。女职工委员会下设办公室，全国总工会女职工部同时承担女职工委员会办公室的职责，由部长和副部长主持日常工作，重大问题提交女职工委员会常委会讨论决定。

（2）地方性工会女职工组织机构

地方工会女职工委员会是按照国家行政区划所建立的省（直辖市、自治区）、地（市）、自治州、县（自治县）等地方总工会的女职工委员会。省、市级总工会女职工委员会的工作机构是同级工会的女职工部；县级工会女职工委员会根据需要设立专职或兼职的工作人员，有条件的也可以设立女职工部，负责女职工委员会的日常工作。

（3）产业性工会女职工组织机构

产业工会女职工委员会是按照同一国民经济部门或性质相近的几

个国民经济部门所组建的全国性和地方性的产业工会的女职工委员会。除全国铁路工会、中国民航工会、中国金融工会所属女职工委员会受其产业工会领导外，地方产业工会女职工委员会实行以地方工会女职工委员会领导为主，同时接受上级产业工会女职工委员会的指导。

（4）基层工会女职工组织

基层工会女职工组织是指基层企业、事业单位、机关和其他社会组织的工会女职工委员会。各级工会女职工委员会在接受同级工会领导的同时接受上级工会女职工委员会的指导。

26. 什么是工会女职工委员会?

《工会法》第十条规定，女职工人数较多的，可以建立工会女职工委员会，在同级工会领导下开展工作；女职工人数较少的，可以在工会委员会中设女职工委员。

《中国工会章程》第十四条规定，各级工会建立女职工委员会，表达和维护女职工的合法权益。女职工委员会由同级工会委员会提名，在充分协商的基础上组成或者选举产生，女职工委员会与工会委员会同时建立，在同级工会委员会领导下开展工作。企业工会女职工委员会是县或者县以上妇联的团体会员，通过县以上地方工会接受妇联的业务指导。

因此，工会女职工委员会是在同级工会委员会领导下和上一级工会女职工委员会指导下的女职工组织，根据女职工的特点和意愿开展工作。工会女职工委员会以马克思列宁主义、毛泽东思想、邓小平理论、“三个代表”重要思想、科学发展观为指导，坚定不移地走中国特色社会主义工会发展道路，推动男女平等基本国策的贯彻落实，依法表达和维护女职工的合法权益和特殊利益。

27. 工会女职工委员会工作制度有哪些？

《工会女职工委员会工作条例》对工会女职工委员会工作制度作出如下规定：

（1）女职工委员会实行民主集中制。凡属重大问题，要广泛听取女职工意见，由委员会或常务委员会进行充分的民主讨论后作出决定。

（2）女职工委员会根据工作需要制定有关制度，每年召开一至两次常务委员会和委员会会议，也可临时召开会议。

（3）工会女职工委员会要定期向同级工会委员会和上级工会女职工委员会报告工作。

（4）县以上各级工会女职工委员会要把工作重心放在基层，增强基层女职工组织的活力，为广大女职工服务。

28. 工会女职工委员会组建的“三同时”指什么？

依据《中国工会章程》和《工会女职工委员会工作条例》的规定，工会女职工组织与工会组织的组建要同步进行，实现工会女职工组织建设与工会组织建设“三同时”——同时筹备、同时组建、同时报批。

（1）同时筹建

同时筹建是指在筹建工会委员会时，要同步考虑筹建工会女职工委员会；工会委员会换届改选，要同时换届改选工会女职工委员会；工会委员会关系转接，要同时转接工会女职工委员会关系；本单位党组织和上级工会在酝酿工会领导班子人选时，应至少安排一名女性候选人作为工会女职工委员会主任人选。女职工委员会主任由同级工会女主席或女副主席担任；同级工会没有女主席或女副主席的，由同级工会委员会或常务委员会女委员担任，或推选符合相应条件的女职工担任，其任职期间享受同级工会副主席待遇。

（2）同时组建

同时组建是指可在建立工会委员会的同时建立工会女职工委员会。工会女职工委员会主任、副主任、委员人选由工会筹备组或同级工会委员会提名，在工会委员会第一次会议上审议通过产生；也可召开女职工大会或女职工代表大会选举产生。

（3）同时报批

同时报批是指从组建工会女职工委员会的筹备工作起，直至工会女职工委员会建立，所有的请示、报告与批复都与工会委员会的请示、报告与批复同步进行。新一届工会女职工委员会产生后，应同时报上级工会组织；工会女职工委员会委员任期与同级工会委员会委员任期相同。在任期内，由于委员的工作变动等因素需要调整时，由工会女职工委员会提出相应的替补、增补人选，经同级工会委员（常委）会审议通过予以替补、增补。

29. 基层工会女职工委员会的机构设置有什么要求？

女职工委员会应与工会委员会同时建立。县和县以上各级地方工会、产业工会依法建立女职工委员会。企业、事业单位、机关和其他社会组织等工会中有女会员 10 名以上的应建立女职工委员会，不足 10 名的可以设女职工委员。

省、自治区、直辖市、地级总工会女职工委员会，实行垂直领导的产业工会女职工委员会，大型企业、事业单位、机关和其他社会组织等工会女职工委员会应设立办公室（女职工部），负责女职工委员会的日常工作；县级、乡镇（街道）、村（社区）工会和中、小企事业单位、机关等工会女职工委员会根据工作需要设专职或兼职工作人员，也可以设立办公室（女职工部）。

30. 基层工会女职工委员会委员的名额有什么要求？

基层工会委员会委员名额是按会员人数确定的。但相关的工会法律法规对女职工委员会委员的名额数量都没有做出明确的规定。《工会女职工委员会工作条例》第十八条规定，女职工200人以上的企业、事业单位工会女职工委员会，应配备专职女职工工作干部。因此，基层工会女职工委员会的委员设置，可根据本单位女会员的实际人数，参照基层工会委员会委员的比例相对递减。一般来说，基层工会女职工委员会应由3至5人组成。

31. 基层工会女职工委员会主任、副主任的配备有什么要求？

基层工会女职工委员会一般设主任1人、副主任的设置由企业女会员人数而定。目前，新建非公企业大多人数较少，工会会员数少、女会员数也就相应较少。因此，企业女会员人数较多的，可设主任1人，副主任1至2人；企业女会员人数较少的，可只设主任1人，而不设副主任；女会员人数不足10人的，因不设女职工委员会，只设女职工委员，因此不存在设女职工委员会主任的问题。

32. 哪些人不得担任基层工会女职工委员会主任？

一般来讲，主要有“三种人”即企业法人代表、企业合伙人、企业主要负责人的近亲属不得担任工会女职工委员会主任。“企业主要负责人”指的是企业的法人代表及直接负责企业经营管理的厂长、经理等高级管理人员。根据《最高人民法院关于贯彻执行〈民法通则〉若干问题的意见（试行）》的规定，“近亲属”指的是配偶、父母、子女、兄弟姐妹、祖父母、外祖父母、孙子女及外孙子女。

33. 怎样组建基层工会女职工委员会筹备组？

根据《工会女职工委员会工作条例》第十一条“女职工委员会与工会委员会同时建立”的规定，工会女职工委员会要坚持与工会委员会同步组建的原则。如果是同步组建，那么工会委员会筹备组就担负起同时筹备工会女职工委员会的职责。可以在召开工会会员代表大会选举产生工会委员会的同时，一并选举产生工会女职工委员会，“两会合一”，可省去一些程序。但在具体实践中，有些非公企业并没有在组建工会的同时组建工会女职工委员会。如果工会女职工委员会组建于工会建立之后，那么就应该在同级工会委员会指导下，组建工会女职工委员会筹备组。

（1）企业已建立工会委员会的，由工会的女职工委员负责筹建工会女职工委员会。

在同级工会指导下，可选派1至2名符合工会女职工委员候选人条件的女职工组成工会女职工委员会筹备组，组长由可工会主席兼任，工会委员会的女职工委员任副组长，具体负责筹备期间的工作。

（2）企业尚未建立工会委员会的，要先建立工会筹备组，由工会筹备组代行女职工委员会筹备组职责。

企业尚未建立工会委员会的，要先建立工会且工会女职工委员会与工会委员会同步组建。工会筹备组的组建，由企业党组织广泛征求职工群众意见后，通过上下协商产生。根据企业规模，筹备组一般由3至5人组成。其中可选派1至2名符合工会委员条件的女职工进入工会委员会筹备组，具体负责女职工委员会的筹备工作。也可由工会筹备组代行女职工委员会的筹备职责。

（3）企业尚未建立党组织的又未建立工会，应由上一级工会指导组建工会筹备组，由工会筹备组代行女职工委员会筹备组职责。

许多新建企业规模小、人数少，还不具备组建党组织的条件，尚未建立党组织。在这种情况下，应由上级工会指导组建工会筹备组并帮助开展工作。一方面，可以组织职工选举出筹备组成员，负责工会的筹建工作；另一方面，也可依法直接派员帮助和指导企业职工组建工会，即担负起筹备组的职责。无论哪种方式，都要坚持工会女职工委员会与工会委员会同步组建的原则。在筹建工会委员会的同时，筹建工会女职工委员会。

（4）工会女职工委员会筹备组成员不是会员的，要先向上级工会申请入会，办理入会手续。

在规范运作的情况下，工会女职工委员会是与工会委员会同步组建的，因此就会出现工会女职工委员会筹备组成员不是工会会员的问题。工会女职工委员会筹备组成员不是会员的，要先向上级工会申请入会，办理入会手续。

34. 工会女职工委员会筹备组的报批程序是什么？

（1）向上级工会请示报批

我国《工会法》第十一条规定，基层工会、地方各级总工会、全国或者地方产业工会组织的建立，必须报上一级工会批准。这是建立工会组织的必经的法律程序。也是建立工会女职工委员会必经的法律程序。根据这一报告审批制度，基层工会女职工委员会的建立必须报经上一级地方工会批准。

报批“同意筹备组”与报批“同意建会”、“同意召开女职工（代表）大会”、“同意选举结果”，共同构成组建工会女职工委员会的请示与批复四个程序。

（2）上级工会的复函

工会女职工委员会筹备组的成立，要向上一级工会书面报告，提出申请。上级地方工会接到基层工会（或工会筹备组）的申请报告后，应在10日内给予批复。

35. 工会女职工委员会筹备组的工作任务是什么？

工会组建女职工委员会，应由工会筹备组或工会女职工委员会筹备组向上级工会或工会委员会向同级党组织请示，并提出女职工委员会主任、副主任及委员提名名单，征求同级党委意见。征得同意后，以书面形式向上级工会女职工委员会提出申请。经上级工会女职工委员会同意后，对协商产生的工会女职工委员会，要筹备召开女职工代表大会或女职工委员会扩大会议进行宣布；对需要选举产生的工会女职工委员会，要筹备召开女职工（代表）大会进行选举，为此工会女职工委员会筹备组，需要做以下工作。

（1）制订组建工会女职工委员会筹备方案

工会女职工委员会筹备方案的制订，主要包括预定大会召开的日期、筹备组成员的组成、女职工委员会成员的设置、委员候选人推荐办法等。

（2）向同级党组织提出建立女职工委员会的请示

在基层工会设立女职工委员会，是工会工作的重要组成部分，也是党的群众工作的重要内容。凡是建立党组织的企业，一方面，企业党组织要把工会女职工委员会的组建纳入企业党建目标；另一方面，工会女职工委员会的组建工作都要在党组织的统一领导下进行。

在已建工会委员会的企业中，工会组建女职工委员会，应由所在企业工会委员会（具体工作由女职工委员会筹备组实施）向同级党组织提出申请建立女职工委员会请示，并提出女职工委员会主任、副主任及委员提名名单，征求同级党组织意见。

同级党委在收到基层工会委员会（或工会筹备组）关于组建工会女职工委员会请示后，应在10日内给予批复。

(3) 向上级工会提出建立女职工委员会的请示

在与工会委员会同步建立女职工委员会的企业中，工会组建女职工委员会，应由所在企业工会筹备组（女职工委员会筹备组）以书面形式向上级工会女职工委员会提出申请。申请内容包括单位性质、女职工状况、女职工委员会组建情况（新建、改建、重建）、新一届女职工委员提名名单、女职工委员会主任情况、筹建准备情况等。并接受上级工会女职工委员会对其筹建工作给予的指导。

上级工会收到基层工会委员会（或工会筹备组）关于组建工会女职工委员会请示后，应在10日内给予批复。

36. 工会女职工委员会委员候选人产生的依据是什么？

《工会基层组织选举工作暂行条例》第十条规定，基层工会委员会委员候选人的产生，均以工会小组或车间（科室）工会为单位提名，由上届委员会根据多数工会小组或车间（科室）工会的意见，提出建议名单，报经同级党委和上级工会审查同意后，提交会员大会或会员代表大会通过。

基层工会委员会的常务委员会委员、主席、副主席候选人，可以由上届委员会根据所辖多数工会小组或车间（科室）工会的意见提出建议名单，报经同级党委和上级工会审查同意后提出；也可以由同级党委与上级工会协商提出建议名单，经工会小组或车间（科室）工会酝酿讨论后，由上届委员会根据多数工会小组或车间（科室）工会的意见提出。

工会女职工委员会委员候选人的产生也要根据上述规定，以工会小组或车间（科室）工会为单位，民主推荐提名。如果是新建工会女职工委员会，不存在“上届委员会”，这就需要由工会（或工会筹备组）根据多数工会小组或车间（科室）工会的意见，提出建议名单，报经同级党委和上级工会审查同意后，提交工会女职工大会或代表大会通过。

37. 工会女职工委员会委员候选人产生的程序是什么？

根据《工会女职工委员会工作条例》的规定，女职工委员会由主任委员一人、副主任委员若干、委员若干人组成。女职工委员会委员产生的方式有两种：一是由同级工会委员会提名，在与有关方面如同级党委、上级工会、上级女职工委员会充分协商的基础上产生，工会女职工委员会产生后，召开女职工代表大会或女职工委员（扩大）会议予以宣布；二是可召开女职工大会或女职工代表大会直接选举产生。

推举工会女职工委员会委员候选人要履行以下程序：

（1）基层工会女职工委员会主席、副主席、委员的候选人，均应按照干部“四化”的标准，从热心工会工作，受到群众信赖的人员中选定。

（2）基层工会女职工委员会委员候选人的产生，均以工会小组或车间（科室）工会为单位提名，由上届委员会根据多数工会小组或车间（科室）工会的意见，提出建议名单，报经同级党委和上级工会审查同意后，提交会员大会或会员代表大会通过。

（3）基层工会女职工委员会的主席、副主席，在任职届期内应按规定完成岗位任职资格培训任务。凡无正当理由未按规定完成岗位任职资格培训任务的，一般不再提名为下届主席、副主席候选人。

38. 工会女职工委员会选举办法的主要内容是什么？

选举办法，一般由女职工委员会筹备组负责起草，提交代表大会表决通过。选举办法的主要内容有以下方面：

（1）制定选举办法的依据；

（2）选举的任务；

（3）选举的方式、程序；

（4）选举的有效性和有效票的规定；

（5）确定当选人的原则；

（6）候选人、当选人名单排列顺序的规定；

（7）填写选票的注意事项；

（8）监票人、计票人、唱票人的产生办法；

（9）选举的纪律等。

39. 选票的印制有什么要求？

对于选票的印制，一要坚持保密原则，二要坚持制作规范、准确清晰。具体要求如下：

（1）选票要统一印制，不得编号或作记号；

（2）选票上候选人名单要按姓氏笔画为序排列，如果候选人要经过预选产生的，也可按预选中得票的多少为序排列；

（3）应列出同应选人名额相等的空格，供选举人另选他人时填写；

（4）选票上要注明填写说明；

（5）选票上要加盖基层工会（女职工）委员会的印章；

（6）选票须印制两套，使用一套，备用一套，用颜色区分；

（7）准备好投票箱和封条。

40. 怎样布置会场？

召开工会女职工（代表）大会是一件很严肃的事情，对会场布置总的原则如下：

（1）经过布置的会场要显得既庄严隆重，又朴素大方，反对铺张浪费；

（2）大会主席台正中应悬挂中国工会会徽；

（3）主席台台口上方悬挂大会横幅标语，如“××工会第一届女职工代表大会”；

（4）大会主席团成员在主席台就座，人员坐席安排一般可按职务顺序或姓氏笔画顺序；

（5）代表的坐席应以代表组为单位，根据代表人数纵向排成若干行；

（6）列席会议人员，一般被安排在正式代表区两侧或后面；

（7）讨论地点的安排应本着就近、方便的原则，按照各代表组的人数进行妥善安排。

41. 怎样确定特邀代表和列席代表？

（1）经工会女职工委员会筹备组的同意，可适当邀请企业离退休女干部和工人作为特邀代表参加会议。与会特邀代表有参加讨论发言的权利，但无表决权、选举权和被选举权。

（2）经工会女职工委员会筹备组的同意，未被选为代表的企业党政领导、技术人员及中层管理人员，可邀请其作为大会列席代表参加会议。

42. 召开工会女职工（代表）大会要准备哪些会议材料？

（1）工会女职工代表大会筹备工作报告；

（2）本单位领导讲话稿；

（3）女职工委员会委员候选人简介；

（4）代表名册；

（5）主席团名单；

（6）大会秘书长名单；

（7）大会主席团常务主席名单；

（8）选票统计报告单；

（9）大会总监票人、监票人、总计票人、计票人建议名单；

（10）大会主持人主持稿。

43. 工会女职工（代表）大会预备会的主要任务是什么？

预备会议的主要任务是：

（1）报告工会女职工（代表）大会的筹备情况；

（2）通过大会主席团名单和秘书长名单；

（3）审议通过大会议程及日程安排；

（4）其他需要确认的事项。

44. 大会主席团的产生办法是什么？

大会主席团成员必须在会前由女职工代表酝酿提名，经工会委员会议讨论通过，提交大会的预备会议表决通过。主席团成员应包括生产工人、技术人员、管理人员和企业的领导干部。其中生产工人、技术人员、管理人员应超过半数。

45. 大会主席团的职责是什么？

（1）主持召开会员代表大会，负责领导和安排大会的各项活动；

（2）听取和综合各代表团（组）对各项议题审议的意见；

（3）研究大会议题中需通过和决定的事项，草拟大会的决议；

（4）主持大会的选举工作；

（5）处理大会期间发生的其他事项。

46. 工会女职工（代表）大会正式会议的程序是什么？

（1）宣布到会代表人数，大会主持人宣布到会人数并作出说明：应到代表××人，因病、因事请假的代表×人，实到的代表××人，符合法定人数，即可开会；

（2）宣布会议开幕，唱《中华人民共和国国歌》；

（3）主持人宣布大会的主要议程；

（4）由工会女职工委员会筹备组报告组建工会女职工委员会的情况；

（5）进行大会选举；

（6）宣布大会选举结果。

47. 怎样进行大会选举？

（1）清点到会人数。大会主持人清点人数，并报告出席情况。参加选举的人数为应到会人数的2/3以上时，方可进行选举。选举可以直接采用候选人数多于应选人数的差额选举办法进行正式选举，也可以先采用差额选举办法进行预选产生候选人名单，然后进行正式选举。委员会委员和常务委员会委员的差额率分别为5%和10%。

（2）通过大会选举办法。

（3）选举总监票人、监票人、计票人。会员大会（代表）大会选举的监票人由全体会员或各代表团（组）从不是候选人的会员或会员代表中推选，经会员大会（代表）大会表决通过。

（4）向大会提交总监票人、监票人、计票人名单，介绍总监票人、监票人、计票人简历及有关情况，举手通过总监票人、监票人、计票人。

（5）宣布总监票人、监票人、计票人。

（6）再次清点人数，宣布正式选举开始。

（7）监票人当场检查票箱，计票人分发选票。

（8）总监票人说明填写选票时应该注意的事项。选举一律采用无记名投票方式。选票上候选人的名单以姓氏笔画为序排列；选举人可以投赞成票或者不赞成票，也可以投弃权票。投不赞成票者可以另选他人。

（9）选举人填写选票。会员（代表）在选举期间，如不能离开生产、工作岗位，可以在选举单位设立的流动票箱投票。

（10）选举人按顺序进行投票。

（11）监票人、计票人清点，确认选举是否有效。选举收回的选票，等于或少于投票人数，选举有效；多于投票人数，选举无效，应重新选举；每一选票所选人数等于或少于规定应选人数的为有效票，多于规定应选人数的为废票。

（12）总监票人宣布选举是否有效。

（13）计票人在监票人的监督下计票。

（14）计票完毕。

（15）总监票人向大会报告各位候选人的得票情况。候选人获得应参加选举人的过半数选票时，始得当选；获得过半数选票的候选人名额超过应选名额时，以得票多的当选。如遇票数相等不能确定当选人时，应就票数相等的候选人重新投票，得票多的当选；当选人少于应选名额时，对不足的名额另行选举。如果接近应选名额，也可以由大会征得多数会员（代表）的同意减少名额。

（16）总监票人宣布选举结果有效。

（17）大会主持人宣布当选人名单。

（18）选举完毕。

48. 工会女职工委员会第一次全体会议议程是什么？

如果工会女职工代表大会规模较大、女职工委员人数较多，不便直接选举产生女职工委员会正副主任时，还须召开工会第一届女职工委员会第一次委员（扩大）会议，选举产生主任、副主任。一般是工会女职工代表大会结束后，紧接召开工会第×届女职工委员会第一次会议，选举女职工委员会主任、副主任，并对委员进行分工。或者不召开工会女职工代表大会，而是召开女职工委员会（扩大）会议，宣布有关方面充分协商产生的女职工委员会。在这种情况下，女职工委员会（扩大）会议议程主要是：

（1）女职工委员会筹备工作负责人作筹备工作报告；

（2）工会委员会负责人宣读成立女职工委员会的决定；

（3）新一届女职工委员会负责人作工作报告；

（4）同级党委、工会或上级工会女职工委员会负责人讲话。

49. 怎样向同级党委、上级工会、同级工会呈报选举结果?

工会女职工代表大会或工会女职工委员会召开后，工会委员会应将新一届女职工委员会组成结果以书面形式报上级女职工委员会备案。上级女职工委员会应对上报单位给予表态回函。

50. 工会女职工委员会文档归档的原则是什么?

（1）按照大会文件材料形成的先后顺序、特点和内容，如实地反映基层工会女职工工作的客观情况；

（2）要科学地甄别和挑选大会的有保存价值的各种文件材料；

（3）注意保持大会的文件材料之间的历史联系；

（4）便于文件的查看、利用和保管。

51. 工会女职工委员会文档归档的一般分类标准是什么?

工会文档一般是按年度（时间）、组织机构（部门）、内容分类的。

（1）以时间分类

①会前筹备阶段的资料：如通知、请示与批复（应注意请示与批复不能分开存档）、筹备方案、代表团名册、代表登记表、会议议程日程安排等；

②大会开幕式资料：如领导讲话、致辞、工作报告等；

③大会期间资料：如选举的全部资料，包括选票、计票单、选举结果等；

④大会闭幕资料：如大会决议、领导讲话等。

（2）以组织机构分类

①组织部门：如代表资格审查资料，委员、主任、副主任简历等；

②办公室：如工作报告、领导讲话、会务资料等；

③宣传部：如宣传提高、新闻稿件、文艺活动表单等；

④女工部（或其他部门）：大会经验交流材料等。

（3）以内容分类

工会女职工代表大会可以都归为“代表大会”内容类。只不过相关的内容不能拆分，如请示与批复、工作报告与通过工作报告的决议等。

为保证工会女职工代表大会档案的完整与不丢失，在工会女职工代表大会结束后，应尽快把大会的全部资料分类，立卷整理，移交给工会档案室。需要归档的不仅仅是文字资料，还包括图表、照片、录像、录音等不同载体的资料。

52. 工会女职工委员会文档的移交内容包括哪些？

（1）工会关于召开基层工会女职工委员会换届改选大会的请示；

（2）上级工会同意召开基层工会女职工委员会换届改选大会的批复；

（3）党委批准的召开基层工会女职工委员会换届改选大会的方案、

通知；

（4）代表选举资料、代表登记表、代表名单、代表团划分、代表资格审查报告；

（5）大会主席团、秘书长名单及执行主席名单；

（6）大会议程及日程表；

（7）基层工会女职工委员会换届改选工作报告；

（8）大会决议、决定等文件；

（9）选举资料；

（10）提案工作报告、提案表、提案登记表；

（11）主席团、各代表团、专门工作机构会议和活动记录；

（12）选举结果报告；

（13）上级工会关于选举结果的批复。

53. 工会女职工代表大会文档归档范围的确定原则是什么？

（1）归档的女职工委员会文件材料必须对工会和社会当前与长远具有参考作用、凭证作用和研究价值。

（2）归档的女职工委员会文件材料必须反映工会女职工委员会部门职能活动的全过程，保证完整、准确、系统。

（3）归档的女职工委员会文件材料必须遵循其自然形成规律，保持彼此间的有机联系，照顾不同部门的不同特点。

54. 工会女职工代表大会文档归档的内容和重点是什么？

（1）归档内容包括女职工委员会代表大会开会、讨论、选举、文娱活动等文档。

（2）归档的重点首先是以工会女职工委员会代表大会形成的不同载

体形式的文件材料为主，特别是全局性、综合性的文件材料。其次是上级工会女职工委员会和其他工会女职工委员会发来的文、电及附件。上级工会来文中，应以针对工会女职工委员会的指令性、指导性文件为主。

55. 工会女职工代表大会哪些文件材料不归档?

（1）上级工会女职工委员会普发供参阅、不办理的文件材料；

（2）上级工会女职工委员会发来供工作参考的文件；

（3）上级工会女职工委员会征求意见未定稿的文件；

（4）重份文件；

（5）无查考利用价值的事务性、临时性文件；

（6）未经会议讨论，未经工会女职工委员会领导审阅、签发的未生效文件、一般性的历次修改稿，铅印文件的各次校对稿；

（7）从正式文件上摘录的供工作参阅的非证明材料；

（8）无特殊保存价值的信封，一般性表态，询问一般性问题，提出一般性、建设性的人民来信；

（9）工会女职工委员会内部互相抄送的文件材料，不应履行公文的行文、介绍信等；

（10）工会女职工委员会负责人兼任外机关职务形成的、无关的文件材料；

（11）为参考目的从各方面收集的文件材料；

（12）非隶属机关抄送的不需要办理的文件材料。

以上某些方面如果需要，也可以选择作资料暂存。

56. 工会女职工代表大会文档的移交程序是什么?

（1）文档的归档时间。应在基层工会女职工委员会换届选举大会结束后 3 个月内归档。

（2）文档的移交手续。文档的移交必须履行移交手续，填写移交清册、一式两份，写明案卷标题，卷内文件页数，案卷数量，移交时间，交接双方必须签名。

57. 工会女职工代表大会文档的管理职责是什么？

（1）各有关部门和大会工作机构要负责大会期间文件的形成、积累、保管和整理立卷归档工作，保证归档文件材料完整、准确、系统。

（2）要负责大会日常资料、会内外信息交流资料的收集和整理工作。

（3）对归档案卷做到组卷合理，编写页码准确、案卷目录、卷内目录备考表填写清楚，案卷标题简明扼要。

（4）主动接受档案室的业务指导和监督检查，按规定时间向档案部门归档。

（5）要注重参加业务学习，不断提高对文档归档工作的认识。

58. 基层工会女工委员会组建中需做好哪几项工作？

（1）在组建中不同单位应有不同的侧重点

公有制企业女职工组织建设的重点是巩固组织基础，激发组织活力，使之更好地发挥作用；改制企业组织建设工作的重点是在重组工会的同时，同步建立健全工会女职工组织；党政机关、教科文卫系统组织建设工作的重点是进一步扩大组织覆盖面。当前，基层工会女职工组织体系要覆盖的重点领域是新经济组织，重点是把新经济组织中的女职工和女农民工进一步组织到工会中来。

（2）加大宣传力度，提高对工会女职工工作的认识

各级工会领导要提高对女职工工作重要性的认识，切实将女职工工作纳入工会工作的重要议事日程，把工会女职工组织建设纳入工会组织

建设的总体规划，为构建全会抓女职工工作、女职工工作为工会全局服务的工作格局创造条件。

（3）上级工会对新建工会女职工组织给予指导

尤其加大对乡镇、社区、街道等工会女职工委员会组织建设工作的指导，以适应新形势发展的需要。

（4）合理确定工会女职工干部编制

各级工会要按照《中国工会章程》《工会女职工委员会工作条例》《中华全国总工会关于进一步加强女职工工作的意见》等有关文件的要求建立女职工委员会，确定合理的人员编制，配齐配强女职工部门工作干部，并落实好相关人员的待遇。

（5）禁止削弱或撤并工会女职工组织

在各级工会机构改革过程中，女职工委员会不能削弱，更不能撤销。对已经出现撤并的工会女职工委员会、降低女职工干部待遇的现象应及时予以纠正。

59. 基层工会女职工委员会有哪些社会职能？

基层工会女职工委员会的社会职能，是指由基层工会女职工委员会性质地位所决定，并在其社会活动中体现出来的职责和功能，它反映了基层工会女职工委员会工作和活动的基本内容。基层工会女职工委员会的社会职能主要包括以下四项：

（1）维护职能

维护职能是基层工会女职工委员会基本职责的具体体现，它是指工会女职工委员会有依法维护女职工所享有的劳动权益、民主权益、物质文化权益等各种合法权益和特殊的劳动保护方面权益，向歧视、虐待、侮辱、迫害女职工的行为作斗争的社会职能。它主要体现在：一是通过大力推行平等协商和集体合同制度等途径，依法维护女职工的劳动经济利益和特殊的劳动保护权益；二是通过组织女职工行使对企事业单位的民主管理、民主参与、民主监督的权利，依法保障女职工当家做主的政治权利；三是通过组织女职工接受职业培训、继续教育等途径，依法维护女职工的文化教育权益。

（2）建设职能

建设职能是基层工会女职工委员会履行基本职责的重要途径，它是指基层工会女职工委员会动员和组织女职工积极参加经济建设和改革，努力完成经济和社会发展任务，使广大女职工成为社会主义经济建设名副其实的建设者，在经济建设和社会发展中发挥“半边天”的重大作用。基层工会女职工委员会的建设职能主要表现为：组织实施“女职工建功立业工程”，通过开展内容丰富、形式多样的劳动竞赛和合理化建议、岗位练兵、技术比武、发明创造、技术革新等经济技术创新活动，以及发现和培养、表彰和宣传劳动模范和先进集体的典型，充分展示女职工的聪明才智，发挥女职工的积极性、主动性和创造性，在全面建设小康社会进程中发挥更大的作用。

（3）参与职能

参与职能是基层工会女职工委员会履行基本职责的重要途径，是工会维护职工政治民主权利的集中体现，它是指基层工会女职工委员会推动和组织女职工参与国家和社会事务管理，参与企业、事业等单位的民主管理，在维护职工合法权益，推进企事业单位管理科学化、民主化，构建和谐企事业单位、构建和谐社会中发挥重要作用。基层工会女职工委员会的参与职能主要表现为：一是通过职工代表大会，职工大会、会员大会、厂务公开、民主议事会、班组民主会等形式，组织女职工行使对企事业单位的民主管理、民主参与、民主监督的权利；组织女职工对单位制定的改革方案、职工安置方案以及规章制度中涉及女职工利益的条款进行讨论、充分发表意见，并督促行政部门落实保护女职工的法律、法规和政策。二是通过女职工代表广泛地联系群众，反映女职工的呼声、意见和要求，并提出解决女职工的热点、难点问题的意见和提案，真正为女职工说话和办事。

（4）教育职能

教育职能是基层工会女职工委员会履行基本职责的重要途径，是工会维护职工根本权益的重要保证，它是指基层工会女职工委员会开展各种教育活动，教育女职工不断提高思想、道德、技术业务和科学文化素质，增强女职工在全面建成小康社会过程中的使命感和责任意识，建设有理想、有道德、有文化、有纪律的女职工队伍，促进经济社会和人的全面发展。基层工会女职工委员会的教育职能主要表现为：一是通过组织实施“女职工素质提升工程”，开展“女职工双文明建功立业竞赛”等活动，使广大女职工在原有基础上，思想道德水平上一个层次，文化程度上一个档次，技术级别上一个等级，学习能力、创新能力、竞争能力和创业能力有明显提高。二是根据广大女职工的觉悟水平和不同兴趣、爱好和要求，开展丰富多彩的群众性教育活动，促进妇女人才成长的“自尊、自信、自立、自强”的“四自”精神，塑造新时期女职工的新形象。

60. 基层工会女职工委员会的基本职责是什么？

我国《工会法》规定，中华全国总工会及其各工会组织代表职工的利益，依法维护职工的合法权益。维护职工合法权益是工会的基本职责。因此，代表和维护职工的合法权益是法律赋予我国工会组织的基本职责，它既是我国工会组织代表职工、维护职工的权利，也是工会组织向职工群众承担的法定义务。

工会女职工委员会是在工会统一领导下的女会员的组织，它是工会的内部组织；因此，代表和维护职工的合法权益，也是基层工会女职工委员会的基本职责，具体体现为以下方面：

（1）代表女职工利益

即工会女职工委员会在履行参与、协商、监督、交涉等各项职权时，始终要从女职工利益出发，站在女职工一方，以女职工合法利益和特殊权益代表者的身份出现，替女职工说话，反映女职工的意见和要求。

（2）维护女职工利益

即工会女职工委员会要依法维护女职工在政治、经济、文化、教育、劳动工资、医疗保险和家庭财产方面的特殊利益和合法权益；为受歧视、侮辱、虐待、残害的女职工撑腰做主、伸张正义；帮助、协调来自社会、家庭各方面对女职工造成的矛盾和压力，消除女职工的身心痛苦；督促本单位行政部门制定适合女职工的劳动保护措施，并监督实施女职工劳动保护措施。

61. 基层工会女职工委员会有哪些工作职责？

基层工会女职工委员会的工作职责主要有以下八个方面：

（1）认真学习工会工作的方针和同级工会代表大会的决议；研究确定基层女职工工作委员会的工作规划、目标和任务；及时总结推广女职工工作经验。

（2）主持基层工会女职工的日常工作，进一步增强广大女职工参与经济建设的积极性和创造力，团结、动员和组织广大女职工为推动经济社会全面、协调、可持续发展贡献自己的智慧和力量。

（3）维护女职工在政治、经济、文化、教育、劳动工资、医疗、保险和家庭方面的特殊利益和合法权益，向歧视、虐待、侮辱、迫害女职工的行为作斗争；协助并督促行政部门贯彻有关女职工的劳动保护政策和法规；协助有关部门改善女职工的生活福利设施，帮助女职工解除后顾之忧。特别重视维护困难女职工的利益，关心和帮助单亲特困女职工这一弱势群体解决实际困难。

（4）在建立健全劳动关系三方协调机制、工会与同级政府联席会议制度、平等协商和集体合同制度、厂务公开等制度的过程中，着力解决涉及女职工特殊利益的突出问题；通过职工代表大会和其他形式的企事业民主管理形式，进一步维护女职工民主决策、民主参与、民主监督的权利；积极参与女职工劳动争议调解和仲裁工作，认真参与查处严重损害女职工合法权益和特殊利益的侵权行为。

（5）帮助女职工提高政治思想道德和科学文化技术素质。对女职工进行爱国主义、集体主义、社会主义教育，引导女职工树立自尊、自信、自立、自强精神，宣传女职工先进典型和先进事迹；抓好女职工文化业务学习和各类岗位培训，配合有关部门抓好岗位练兵和技术比武。

（6）加强工会女职工工作的调查与研究。围绕新形势下女职工迫切需要解决的热点难点问题，深入基层，调查研究，倾听女职工的呼声，反映女职工的意愿。通过调研积极探索深化改革条件下女职工工作的新课题，不断创新与拓展女职工工作的内容。

（7）协助有关部门管理和培训女职工干部。营造氛围推动工会女职工工作。树立新观念、掌握新知识、增强新本领、不断提高女职工干部的思想政治水平和群众工作水平，不断增强服从服务于党和国家工作大局和工会工作全局的自觉性和坚定性。

（8）会同工会有关部门和社会有关方面共同做好女职工工作。

62. 怎样加强对工会女职工工作干部的培训？

培训是提高干部素质工作中普遍采用的方式，通过培训，达到提高思想、理论、业务和管理水平，增强决策能力，学习掌握新的知识和工作方法等目的。

对女职工工作干部的培训按形式可分为逐级培训和委托代培。逐级培训，即由全国总工会女职工委员会负责培训省级工会女职工工作干部；省（区、市）总工会女职工委员会负责培训地（市）、县（区）工会女职工工作干部；地（市）、县（区）工会女职工委员会负责培训乡镇（街道）、村（社区）、工业园区及基层工会女职工工作干部。委托代培，即对女职工工作中专业性较强岗位的干部，委托各级党校、专业院校等，通过一定时间的正规学习，或通过举办专修班、进修班等，培养女职工工作中某一方面的专门人才。

按内容可分为专业知识培训和岗位培训。专业知识培训，即按照干什么学什么、缺什么补什么的原则，在对工会女职工工作干部开展普及性理论知识培训的基础上，针对女职工工作中具体业务的薄弱环节进行培训。如就女职工工作相关法律知识、特殊劳动保护知识等开展专门培训，使女职工工作干部能够快速地掌握该领域业务知识。岗位培训，就是按照岗位职务要求对工会女职工工作干部进行定向培训和综合性培训。这是目前岗位培训最常用的方式。它以岗位职务规范为依据，把培训与实际工作需要结合起来，注重工作能力的提高。中华全国总工会和各省（区、市）总工会都建立了工会系统干部培训的基地和网络，并拥有较强的师资力量，为女职工工作干部的岗位培训打下了良好基础。

63. 如何加强对工会女职工工作干部的管理？

对工会女职工干部的管理主要包括两个方面：一是搞好干部配备；二是进行干部考核。在干部的配备上，要严格按照革命化、知识化、年轻化、专业化的“四化”标准，在考核的基础上，选拔那些热爱女职工工作、有较高理论政策水平和领导能力、具有开拓创新精神的女干部到女职工工作岗位工作。在专职女职工工作干部的考核上，应结合年度考评制度，逐步摸索有效的女职工工作考核评价体系，并对思想好、作风正、业绩突出的女职工工作干部予以嘉奖。

64. 如何加强对工会女职工工作干部的培养？

对女职工工作干部的培养主要包括：在干部的培养、使用、晋升、学习、交流等环节上，做到对女职工工作干部一视同仁，并争取优先考虑。加大教育培养和选拔交流的力度，积极探索推荐和培养女职工工作干部的有效方式和途径，努力形成有利于工会女职工工作干部成长的机制。在政治上要严格要求，把好思想品质关；在工作上要大胆放手，创造宽松环境；在生活上要关心爱护，协调推动有关方面落实好干部待遇。

65. 什么是工会女职工工作的“两个覆盖”？

为进一步夯实工会女职工组织基础，更好地发挥女职工组织作用，切实维护女职工的合法权益和特殊利益，2011 年全总下发了《关于推进工会女职工组织和女职工权益保护专项集体合同全覆盖工作的意见》（以下简称《意见》），努力实现在已建工会企业中女职工组织和女职工权益保护专项集体合同的全覆盖（简称“两个覆盖”）。

《意见》指出实施“两个覆盖”，是贯彻落实“组织起来、切实维权”工会工作方针的要求，是落实依法推动企业普遍建立工会组织、普遍开展工资集体协商、加强女职工权益保护的举措。实施“两个覆盖”，对于进一步加强工会女职工组织建设和维权机制建设，构建和谐稳定的劳动关系，维护职工队伍稳定和社会稳定具有重要意义。各级工会女职工组织要从战略和全局的高度，充分认识实现“两个覆盖”的重要性和紧迫性，认清形势、把握机遇、明确责任，找准女职工工作与工会全局工作的切入点和着力点。要以依法推进企业的“两个普遍”带动女职工组织的“两个覆盖”，以实现女职工组织的“两个覆盖”服务企业的“两个普遍”。

66. 实现“两个覆盖”的基本原则是什么？

推进“两个覆盖”，要坚持哪里建工会、哪里有女职工，哪里就要建立工会女职工组织的原则；坚持促进企业发展、维护职工权益的原则，贯彻落实保障女职工合法权益和特殊利益的各项法律法规，构建和谐稳定的劳动关系，更好地实现和保障女职工的合法权益；坚持突出重点、分类推进的原则，积极探索不同规模、不同经营状况企业的特点和规律，采取灵活多样的形式和方法，着力推进“两个覆盖”；坚持循序渐进、注重实效的原则，从实际出发，从重点行业、企业入手，抓紧抓实、抓出成效。

67. 实现“两个覆盖”的主要措施是什么？

（1）将“两个覆盖”纳入全会重点工作同步推进

进一步贯彻全总《关于加强企业工会女职工工作的意见》和《关于推进女职工权益保护专项集体合同工作的意见》，抓住机遇，借势借力，将“两个覆盖”工作目标纳入工会组建和发展会员预期目标、组建目标考核体系、“模范职工之家”、“创建劳动关系和谐企业”活动、“广普查、深组建、全覆盖”集中行动，做到工会女职工组织与工会组建筹备、产生、报批的“三同时”，女职工专项合同与集体合同协商、签订、履约的“三同步”。

（2）加大重点企业、重点领域推进工作力度

根据企业的特点，因地、因企制宜开展工作。以非公企业特别是中小企业和新建企业为重点，加快在区域性、行业性工会联合会特别是小企业工会联合会推进“两个覆盖”的工作步伐。探索创新女职工组织组建形式，提高组建质量，通过属地联合，促进分层覆盖；通过条块联合，促进区域覆盖；通过垂直联合，促进行业覆盖。加强对签订女职工专项合同工作的指导服务，进一步确立协商主体，完善协商内容，规范协商程序和运作方式等，全面推进区域性、行业性女职工专项合同的签订和履约，切实维护好中小企业女职工的权益。

（3）加强推进“两个覆盖”的制度建设

按照工会女职工组织体系网络化、基础工作标准化、工作格局社会化的总体要求，明确组建工作目标、内容和程序，健全组织制度、工作

制度、干部培训制度和督导检查制度，建立顺畅有效的工作运行机制。健全女职工专项合同履约责任制度，把加强平等协商签订女职工专项合同制度与健全企业管理体制有机结合，纳入企业管理制度。健全激励、考核制度，开展争创达标活动，提高推进“两个覆盖”的工作水平。

（4）加强对推进“两个覆盖”的督导检查

定期和不定期督导检查相结合、全面检查与专项检查相结合，集中力量，切实解决工作中存在的突出问题。充分发挥劳动关系三方协调机制作用，形成工作合力。在工会组建检查考核、企业集体合同和劳动法律监督检查、创建劳动关系和谐企业、实行厂务公开和职代会报告制度等工作中，对推进“两个覆盖”统筹安排，一并进行，组织建设和发挥作用并重，扩大覆盖面与提高质量并举。

68. 实现“两个覆盖”的工作要求是什么？

（1）要进一步统一思想，提高对推进“两个覆盖”工作重要性认识，将推进“两个覆盖”作为当前和今后一个时期工会女职工工作的重要内容，采取切实措施，积极稳步推进。各级工会要加强组织领导，争取同级党政的重视重视与支持，进一步整合资源，加强与工会内外相关部门的沟通协调，优化工作环境，形成协同推进“两个覆盖”的工作格局。

（2）要按照全总推进“两个覆盖”的总体部署和要求，认真分析本地区面临的新情况新问题，结合实际制订实施方案，明确总体目标和阶段目标，逐年逐级分解任务，落实工作责任。要不断创新工作思路，强化工作措施，开展专项培训，提高女职工工作干部的专业能力和水平，确保“两个覆盖”工作规范有序开展。

（3）要加强对基层工作的分类指导，对不同地区、行业、企业的工作情况要做到底数清、情况明，积极为基层工会开展工作提供有效的服务和帮助。要坚持重心下移，深入基层加强调查研究和督导检查，帮助解决基层工作中的突出困难和问题。要及时总结、推广基层的好经验好做法，充分发挥其示范导向作用，提高推进“两个覆盖”工作的整体水平。

（4）要积极做好舆论宣传工作，把宣传引导贯穿于“两个覆盖”工作的始终，充分利用新闻、广播、报刊、网络等主流媒体和工会宣传阵地，大力宣传实施“两个覆盖”的重要意义和作用，宣传各地的典型经验及做法，不断扩大“两个覆盖”的社会影响，推进“两个覆盖”工作的良好发展和目标的如期实现。

69. 工会女职工组织与妇联组织如何分工？

工会与妇联同是在党领导下的群众组织。工会与妇联在各自的工作中虽然都包含有女职工领域的工作，但由于主要工作对象和承担的社会职能有所不同，在工作的侧重点与工作方式上也不尽相同。

工会是工人阶级的群众组织，具有鲜明的阶级性。女职工是工人阶级的重要组成部分，工会女职工组织的基本职责就是代表和维护女职工的合法权益和特殊利益。工会女职工委员会是广大女职工的代表者和维护者。

妇联是以性别为界的群众性组织，实行团体会员制度，其工作主要是依靠团体会员完成。女职工是妇女群众中的一支先进骨干力量，妇联开展企业女职工工作是通过发挥工会女职工组织团体会员作用来进行，对工会女职工委员会工作进行业务指导。

根据中共中央办公厅转发的《全国总工会、全国妇联关于在企业女职工工作中进一步加强合作的通知》精神以及《工会女职工委员会工作条例》的有关规定，工会在开展女职工工作中与妇联的分工主要原则：一是企业中的女职工工作以工会为主，妇联配合，妇联不在企业建立组织。二是基层工会女职工委员会是县或县以上妇联的团体会员，通过县以上地方工会接受妇联的业务指导。妇联不直接向基层工会女职工委员会布置工作。

70. 工会组织与妇联组织如何协调与合作？

工人运动与妇女运动一直是紧密结合在一起的。女职工工作既是工会工作的一部分，也是妇女运动的一部分。工会和妇联应在同级党委的领导下，密切联系，团结协作，互相学习，互相尊重，形成合力，共同做好女职工工作。

工会女职工委员会作为妇联的主要团体会员，在开展女职工工作中应注意把握以下方面：一是工会女职工委员会作为县或县以上妇联的团体会员，要主动争取妇联的支持与指导，充分发挥妇联团体会员的作用。二是基层工会女职工委员会在接受工会领导的同时，通过县以上地方工会接受妇联的业务指导。三是县以上工会和妇联的领导干部实行双向兼职，加强工作联系，相互参与工作意见，使双方在女职工工作中的配合与协作具有可靠的组织保证。四是县以上工会和妇联建立工作联系制度，通过召开联席会议或相互参加有关会议，互通情况，密切协商，相互支持。

【范例】

辽宁朝阳市总工会女职工委员会坚持“三化”标准 推动工会女职工组织建设创新发展

近年来，按照全国总工会“组织起来，切实维权”的工作方针和“扩大女职工组织覆盖面，增强女职工组织凝聚力”的要求，朝阳市总工会女职工委员会坚持组织体系网络化、工作运行制度化、工作格局社会化的标准，大力推进工会女职工组织规范化建设，不断激发基层工会女职工组织工作活力，推动了工会女职工工作进一步创新发展。

一、借势借力，实现工会女职工组织体系网络化

加强组织建设是做好工会女职工工作的重要保证。为此，按照三个结合的工作思路，市总注重把女职工组织建设纳入工会组织建设的总体规划，使工会女职工组织机构更加完善，组织体系更加健全，形成了“小三级”工会女职工组织的新格局。

1. 结合“基层工会组织建设专项行动”，夯实工会女职工组织建设基础。首先，在全市集中开展的“基层工会组建专项行动”中，针对朝阳小型非公企业多，女职工相对分散，建立女职工组织难的实际，借力工会组织部门建立区域性行业性工会联合会的契机，搭车上路，根据企业分布情况和行业特点组建区域性行业性工会女职工组织。与工会联合会同时筹备，同时选举，同时报批。通过建立目标责任制、推广典型经验和跟踪指导数据报送工作的“三措并举”，推动工会女职工组织建设工作纵深发展。目前，全市共有基层工会组织5505个，建立工会女职工委员会4496个，设女职工委员1009个。女职工组织覆盖率为100%。

2. 结合“乡（镇）街总工会标准化”，配齐配强工会女职工干部。根据地区实际，市总适时将工会女职工组建的相关要求写进《朝阳市乡（镇）街总工会（工会联合会）标准化建设活动实施方案》中，促进乡（镇）街总工会女职工委员会规范化、标准化。同时要求各乡（镇）街在酝酿委员会候选人时必须保证有一名工作能力强、受女职工信赖的女委员，作为女职工委员会主任的候选人入选。在工会委员会选举的同时，选举产生女职工委员会。目前，全市已建立乡（镇）街总工会女职工委员会93个。

3. 结合“基层工会活力建设”，提升工会女职工组织建设水平。在夯实健全女职工组织建设的基础上，市总女职委围绕《朝阳市基层工会活力建设项目实施方案》，要求各基层工会女职工组织从全会工作重点和本单位实际出发，开展具有本单位特色的工作项目，全面提升维权能力和服务水平。同时，与相关部门配合，将女职工工作的相关要求编

印成册，作为工作指南，深入基层调研指导。工作中强化服务意识，面对面地倾听女职工的维权需求，帮助基层工会确立女职工工作的出发点和落脚点，全面激发工会女职工组织工作活力。

二、把握重点，实现工作运行制度化

制度健全是工作规范运行的重要保证。按照边组建、边规范、边发挥作用的思路，市总女职委制定下发了《关于加强全市工会女职工组织规范化建设的实施意见》，将基层工会和基层以上工会女职工工作进行规范量化，实行百分制考核。目前，全市工会女职工组织规范化建设达标率近70%。

1. 建立工作报告和例会制度。要求各级工会女职工组织向同级工会和上级工会女职工委员会报告工作。每年召开一次女职工委员会全委会议。总结上一年度女职工工作，对下一年度工作进行安排部署；对委员因工作变动等因素需要进行调整时，按程序及时予以增替补。

2. 建立工作目标管理和档案管理制度。每年对年内重点工作，进行目标分解，并在年末进行考核。同时纳入市总对各县（市）区工会的绩效目标考核之中。建立工会女职工工作数据库，实行档案动态化管理。建立了基层女职工组织和女职工干部状况数据库，女职工专项集体合同签订情况数据库，单亲困难女职工情况数据库和大龄单身青年情况数据库，及时了解、掌握女职工相关工作情况。

3. 建立评先表彰和宣传激励工作制度。市总女职委对灵活设计工作载体，搭建和谐工作平台格外关注，通过每两年一次评比表彰和优秀创新工作成果展示，充分调动激发广大女职工及工会女职工干部的工作热情。对提素建功活动中涌现的先进集体和先进个人颁发市五一劳动奖状和奖章。其中对组织开展提素建功及维权等活动中的优秀女职工干部按一定比例授予市五一劳动奖章。同时，在《朝阳工运》杂志、朝阳工会网站、朝阳市电视台“朝阳工人”栏目中开辟“女职工风采”专栏，对先进集体和个人事迹进行系列宣传报道，在女职工乃至全社会中产生了积极影响。

三、整合资源，实现工作格局社会化

为使组建工作更富有成效，市总女职委主动争取领导重视，全会支持，充分发挥与工会各部门合作及借助社会力量等方式开展女职工工作，为深入开展女职工组织规范化建设创造了便利条件，营造了良好氛围。

1. 主动争取党委的重视支持，推动女职工工作。为实现工会女职工组织建设工作的持续深入，市总女职委结合实际制定了《关于加强工会女职工组织建设的意见》，包括组织制度、干部管理、女职工工作等八个方面，并把贯彻落实《意见》的要求纳入年度工作考核体系，同时坚持凡是女职工组织建设不达标的实行一票否决。一是纳入到市委对各县（市）区委关于工会工作的考核体系；二是纳入到市总对各县（市）区总工会的考核体系。通过考核机制，把工会女职工工作转化成市县两级党委关注和全会的重点工作，解决了诸多只靠自身无法解决的问题。

2. 在人大、政协视察活动中督查女职工工作。市总每年邀请市人大、市政协对《工会法》执行情况进行专项执法检查。2014 年，市总将“两个全覆盖”情况纳入检查内容，同时针对存在的问题提出了建议。通过人大、政协视察，有力地推动了本市工会女职工组织建设工作的扎实有效开展。

3. 借助工会内部与社会力量，强化女职工工作。在金秋助学活动中，市总专门针对单亲困难女职工子女放宽救助条件，只要考入大专以上全部纳入救助范围。仅 2014 年就帮扶救助困难女职工子女 200 多人，救助金额近 60 多万元；同时，依托法律部门为女职工提供依法维权服务；依托职工服务中心开设婚恋服务窗口、设立红娘工作室、职工婚介大厅，为单身职工提供公益性常态化婚介服务。此处还积极争取社会力量：募集社会资金，建立单亲困难女职工帮扶基金。市总每年配套 10 万元，社会募捐 10 万元，形成了长效机制；连续四年与朝阳市第二医院合作为困难女职工免费“两癌”筛查，而且把朝阳市第二医院作为朝阳市困难女职工及女农民工定点医院，在检查及治疗方面提供优惠服务。

资料来源：中国工会女职工工作网

四

组织动员女职工
提升素质建功立业

71. 如何提高女职工的思想道德素质?

对女职工思想道德教育的内容，应根据党和工会在不同时期的任务和女职工的思想状况来确定。工会女职工组织要把开展女职工思想教育工作作为党的思想政治工作的重要组成部分，把党的路线方针政策渗透和贯穿其中。

（1）以马克思列宁主义、毛泽东思想、邓小平理论、“三个代表”重要思想和科学发展观作为行动指南，教育引导广大女职工牢固树立坚持党的基本路线不动摇的坚定信念和建设有中国特色社会主义的共同理想，在政治上、思想上、行动上与党中央保持一致。对女职工进行国情、形势和政策教育，使她们明确形势任务，坚定改革必胜的信心，以党和国家利益为重，发扬主人翁精神，积极支持改革、参与改革。

（2）帮助她们树立正确的人生观、世界观、价值观，努力工作，拼搏进取，做“四有”、“四自”新女性。进行爱国主义、集体主义、社会主义和工人阶级责任感、历史使命感教育，把爱国之情、报国之志化作胸怀全局、甘于奉献、爱岗敬业、开拓进取的实际行动。帮助她们树立良好的职业道德、社会公德和家庭美德，正确处理好个人、集体和国家之间的关系，以饱满的政治热情、高昂的斗志投身到全面建成小康社会的实践中。

（3）对女职工进行民主、法制知识教育，增强她们的民主参与意识，在国家政治生活、经济生活和社会生活中，积极行使自己的民主权利，做知法、懂法、守法的好公民。

72. 如何提高女职工的科学文化素质?

为了适应现代科学技术发展和建设学习型社会、创新型国家的要求，女职工要掌握基本的自然科学知识和社会科学知识。在新的形势下，知识经济的发展将进一步推动就业结构的变革，传统的劳动力逐渐过剩，高新技术人才短缺。女职工只有不断提高文化素质，才能适应科学技术发展的需要，在改革的大潮中立于不败之地。工会女职工组织要结合实际，采取措施，推进女职工队伍的知识化进程，帮助女职工在提高文化素质的同时，学习和掌握先进的科学技术，努力提升科学文化素质，跟上时代的步伐。

73. 如何提高女职工的岗位技能素质?

要帮助广大女职工提高岗位技能素质，就要按照科学规律、市场经济规律和现代企业发展的要求，以新时期工人阶级的杰出代表为榜样，立足本职，爱岗敬业，勤奋学习，刻苦钻研岗位业务技能，干一行，爱一行，精一行，在平凡的岗位上作出不平凡的业绩；不断增加知识储备，丰富技能，实现岗位成才，成为一专多能的复合型人才和适应时代发展的技能型女职工。具体途径有以下几个方面：

（1）通过岗位练兵、技术比武激发和调动女职工学技术、练本领的积极性，促进女职工熟练掌握本职岗位的基本技术和基本技能。

（2）通过开展多种形式的群众性经济技术创新活动，交流、推广先进技术和先进操作法，激发和调动广大女职工学技术、学技能、学本领的主动性。

（3）通过开展合理化建议的发起、征集工作，组织动员广大女职工广泛参与，挖掘女职工的潜能。

74. 如何提高女职工的心理生理素质?

良好的心理素质对于激发女职工参与建设的积极性和创造性至关重要。各级工会女职工组织要帮助广大女职工面对企业改制、就业、生活等压力，及时调整心态，正确对待和处理各种利益关系变化所带来的冲击，自觉维护改革发展稳定的大局，以党和国家的利益为重，胸怀全局，增强大局意识、忧患意识、机遇意识和竞争意识，理解改革，支持改革；在工作、学习和生活中，建立良好的人际关系，妥善处理事业与家庭的矛盾，增强符合社会发展和岗位变化的适应能力和承受能力；增强心理调适能力，缓解职场心理压力，以积极健康的心态面对工作和生活；了解女性生理卫生常识和保健知识，掌握保护自身健康的基本方法，预防疾病。

各级工会女职工组织还要针对女职工的心理和生理状况，开展女性健康知识教育和心理咨询等活动，帮助她们提高关爱生命与注重健康的理念，提高保健意识和健康水平，使她们以更加健壮的体魄和饱满的激情投入社会主义现代化建设的伟大实践。

75. 如何为女职工提升素质搭建平台?

要适应市场经济的要求和女职工的实际，从工会女职工组织的特点和优势出发，针对不同行业、不同类型以及不同层面女职工的实际，通过素质达标活动、开办业余学校、召开现场经验交流会等形式，组织丰富多彩的素质教育活动，寓学习于工作之中，寓教育于活动之中，以女职工喜闻乐见的形式，吸引女职工的广泛参与。面向日趋增多的女农民工，大力开展以提升女职工综合素质为目标的各种职业技能培训。要帮助女职工通过专业技术考核取得相应的资格证书，晋升技术等级和职称，使学习成果得到认可并学有所用。

76. 如何通过开展主题教育活动提高女职工素质?

要利用“三八”、“五一”、“七一”等重要纪念日及重大历史事件等，在广大女职工中开展以为人民服务为核心，以爱祖国、爱人民、爱科学等为基本内容的理想信念教育，引导其自觉践行社会主义核心价值观。要结合党和国家的发展以及形势的要求，开展形式多样的主题教育活动，大力弘扬劳模精神和工人阶级伟大品格，以正确的舆论引导女职工，用崇高的精神塑造女职工，通过弘扬培育民族精神和加强职业道德教育，培养女职工高尚的道德情操和职业操守，促进形成团结互助、平等友爱、共同前进的和谐人际关系。

77. 如何通过开展读书自学活动提高女职工素质?

要结合生产、生活和女职工的实际，组织深入开展不同形式的读书活动，营造积极向上、清新高雅、健康文明的学习氛围，激发广大女职工阅读、书写、交流的热情。要丰富读书自学活动内容，鼓励女职工多读书、读好书，以优秀的作品武装和鼓舞她们。要坚持读书自学活动与全会开展的“创建学习型组织、争做知识型职工”相结合，与实施女职工提升素质建功立业工程相结合，与女职工本职工作相结合，与女职工自身需要相结合，着力提升女职工的学习能力，鼓励大家学以致用，学习成才。要在女职工中营造全员学习、终身学习、团队学习和工作学习化、学习工作化的氛围，使越来越多的学习型、知识型女职工成长起来。

78. 如何充分利用各类社会教育资源提高女职工素质?

加强与党政有关部门和企业的协调和沟通，密切配合、形成合力，为提升女职工素质工作创造有利条件和良好氛围。利用企业、工会教育培训机构和社会办学条件，优化整合教育培训资源，加大对女职工教育培训和职业技能开发的力度，为完善女职工教育工作创造更好的条件，使工会女职工组织成为培养高素质女职工队伍的大学校。还要利用家庭、社区、校外等场所，组织女职工开展喜闻乐见的各种活动，发挥女职工组织的优势和特色，积极构建学校、家庭、社区三位一体的活动网络。

79. 如何研究探索开展活动的内涵，创新举办活动的载体？

各级工会女职工组织要根据不同地域、不同行业、不同所有制形式以及不同女职工群体的特点，适应企业组织形式、经营方式、用工方式、分配方式等多样化的要求，因地制宜，对活动的形式、内容、领域等方面进行大胆探索和创新，在继承传统活动模式的同时，积极探索新形式，充实新内容，使活动增强吸引力和生命力。要在观念创新、机制创新、思路创新和理论创新上下工夫，突出活动的针对性和实效性，不断创新活动的时代内涵，积极探索活动的有效途径。

要把活动重点领域从公有制企业逐步向非公企业发展，从传统产业向新兴产业延伸。活动重心要下移，以基层为主体，以班组为阵地，以岗位为重点。特别是在女职工相对集中的卫生、教育、纺织、服装、餐饮等行业，组织开展具有女职工特色的各类活动，坚持在继承中发展，在创新中前进，全方位、多领域、多层次、有重点地开展活动。

80. 工会女职工组织如何推进女职工生存发展的社会环境优化？

随着社会的进步，女性的生存发展现状环境得到不断的改善。但是，由于传统观念的影响和社会经济发展水平以及女职工自身条件的制约，女职工在寻求发展的道路上还面临诸多问题。工会女职工组织要加大对男女平等基本国策的宣传力度，推动社会成员增强性别平等意识，逐步消除对女职工的偏见和歧视。要充分利用民主参与、民主监督的渠道，积极向各级党政及有关部门就促进女职工的发展建言献策，努力消除女职工在发展中的障碍。

一方面，要通过源头参与和宏观维护，保障女职工获得平等分享经济与社会发展成果的权利，力争将女职工发展各项指标纳入本地区经济和社会发展计划；另一方面，要引导女职工从维护党和国家的大局出发，正确对待改革过程中的矛盾和困难，妥善处理改革过程中个人利益的得失，自觉维护国家和社会的稳定。

要进一步弘扬文明进步的妇女观，努力推动形成尊重女职工的社会风尚，坚决同歧视、侵害女职工权益的不良现象和违法行为作斗争，为女职工的发展创造良好的社会环境。

81. 工会女职工组织如何保护和调动女职工参与全面建成小康社会的积极性？

保护和调动女职工参与全面建成小康社会的积极性，对于充分发挥她们在经济建设和社会发展中的主力军作用至关重要。工会女职工组织要坚持把维护女职工的合法权益与调动发挥她们的积极性、创造性结合起来，通过参与立法和政策制定，反映女职工的意愿和要求；通过参与调查处理侵害女职工合法权益的案件和案例，最大限度地保护、调动和发挥广大女职工的积极性，并将其引导到参与全面建成小康社会的实践中来。

82. 工会女职工组织如何为女职工建功立业搭建平台？

按照科学发展观的要求，围绕经济建设中心，针对企业发展的重点难点，组织和动员女职工为推进企业发展和社会进步、实现全面建成小康社会宏伟目标贡献智慧和力量；围绕全国总工会开展的职工经济技术创新活动，在广大女职工中广泛开展多种形式的劳动竞赛，为提高企业经济效益，促进经济持续、快捷、健康发展献计献策；根据女职工工作的特点，针对不同行业、不同所有制单位以及不同层面女职工群体，开展适合企业需要、突出女职工特色的各种竞赛活动。各级工会女职工组织按照要求，通过丰富多彩和形式多样的活动，为女职工建功立业提供平台、创造条件、搞好服务。

83. 工会女职工组织如何为动员组织女职工参与全面建成小康社会提供组织保障？

团结动员女职工参与全面建成小康社会的伟大事业，首先要把她们组织起来。随着现代化建设的不断深入，我国女职工队伍不断发展和壮大，工会女职工组织要主动适应形势的发展，进一步加强女职工组织的自身建设，积极发挥女职工组织的作用，增强女职工组织的活力，最大限度地把包括女性农民工在内的女职工吸引到工会女职工组织中来，充分调动女职工的积极性和创造性，为女职工有组织地参与全面建成小康社会提供坚实的组织保障。

84. 实施女职工提升素质建功立业工程的指导思想是什么？

高举中国特色社会主义伟大旗帜，以邓小平理论、“三个代表”重要思想、科学发展观为指导，充分发挥工会“大学校”作用，按照全面提高职工队伍整体素质的任务、目标和要求，深入实施女职工提升素质建功立业工程，大力弘扬劳模精神和工人阶级伟大品格，进一步激发女职工的创造潜能和创造活力，培养和造就“学习型、知识型、技能型、创新型”的女职工队伍。

85. 实施女职工提升素质建功立业工程的工作要求有哪些？

（1）切实加强领导，推动女职工提升素质建功立业工程的深入实施

各级工会女职工组织要进一步提高对实施女职工提升素质建功立业工程重要性的认识，将此项工作列入议事日程，与全会开展的各项创先争优建功立业活动紧密结合起来，精心组织，统筹安排，整体推进；创新工作思路、活动内容和形式，制订工作方案，把握活动规律，坚持分类指导，提高活动的针对性和实效性；积极争取党政支持，整合社会资源，不断推动活动深入、持久、健康发展。

（2）突出工作特色，把女职工提升素质建功立业工程目标任务落到实处

要针对新时期女职工队伍的新特点，针对不同女职工群体的实际需求，因地制宜，因企制宜，搭建工作平台，吸引女职工广泛参与，推动活动向各行各业女职工群体拓展；活动内容要突出主题、体现特色，增强吸引力和凝聚力；完善工作运行机制，加强规范管理，督促检查落实。

（3）健全激励机制，激发女职工创先争优的积极性

以争创“工人先锋号”、“五一巾帼奖状（奖章）”、“五一巾帼标兵岗（标兵）”等活动为载体，开展创先争优活动和评先表彰活动；注重发现、培养和选树典型，进一步营造劳动光荣、知识崇高、人才宝贵、创造伟大的良好社会氛围。全国总工会每两年表彰一批在建功立业活动中涌现出的先进女职工集体和个人。

（4）加大宣传力度，进一步扩大社会影响

充分利用新闻、广播、电视、报刊、网络等现代传媒和工会宣传阵

地，采用通俗易懂、寓教于乐、贴近女职工的宣传形式，大力宣传实施女职工提升素质建功立业工程的重要意义，宣传在活动中涌现出的先进集体和个人；总结推广经验、着力打造工作品牌，扩大女职工提升素质建功立业工程的社会影响。

86. 实施女职工提升素质建功立业工程的主要内容有哪些？

（1）大力推进社会主义核心价值体系建设，提高女职工的思想道德素质

引导女职工认真学习中国特色社会主义理论体系，打牢为坚持和发展中国特色社会主义而共同奋斗的思想基础；弘扬以爱国主义为核心的民族精神和以改革创新为核心的时代精神，践行社会主义荣辱观；深入开展形式多样的主题教育和普法宣传教育活动，不断提高女职工的思想道德素质；加强社会公德、职业道德、家庭美德和个人品德建设，引导女职工牢固树立正确的世界观、人生观和价值观。

（2）充分发挥工会“大学校”作用，提高女职工的科学文化素质

广泛开展文化教育、技能培训和读书活动，激发女职工获取知识、更新知识的积极性和主动性；引导女职工树立科学理念，掌握科学知识，针对自身条件和工作实际，制定自我达标学习计划，提高自身科学文化素质，努力成为一专多能的复合型人才，为更好地参与国家经济和社会建设奠定基础。

（3）组织多种形式的岗位练兵活动，提高女职工的岗位技能水平

围绕加快经济发展方式转变和经济结构调整的新要求，组织动员女职工积极参加多种形式的建功立业活动，为推动经济又好又快发展作出新贡献；根据行业和女职工的特点，广泛开展技能竞赛、岗位练兵、技术比武、合理化建议等活动，引导女职工学习业务、钻研技术，促进女职工岗位技术和技能水平的提高。

（4）激发女职工的创造活力，组织女职工积极投身自主创新实践，提升女职工的创新能力

围绕加快传统产业升级、推动战略性新兴产业发展和建设创新型国家等重大任务，以推动企业技术进步为主题，以增强女职工自主创新能力为重点，深入开展经济技术创新活动，推广和应用女职工优秀技术创新成果，引领女职工及所在班组立足本职岗位，争做“创新能手”、“创新示范岗”和“创新型班组”。

（5）加强对女职工的人文关怀，提高女职工的心理生理素质

通过专题讲座、知识竞赛、影视观摩等喜闻乐见的形式，向女职工普及生理、心理、安全、健康和女职工“四期”保护知识；倡导科学文明健康的生活方式，传播生理和心理健康新理念，加强心理疏导；组织女职工参加积极向上、健康有益、适合女职工特点的文艺体育活动，不断增强女职工的体质，提高女职工的心理素质和身体素质。

87. 全国先进女职工集体和个人的推荐评选工作程序是什么？

（1）全国五一巾帼奖状、奖章和全国五一巾帼标兵岗、标兵候选者，由所在单位民主推荐、工会女职工委员会进行评审、工会和申报单位逐级审核，在所在单位进行公示，并签署意见后报所在市级工会（含产业工会）。申报全国五一巾帼奖状的单位，还须征求工商、税务、安全等相关部门意见。

（2）市级工会（含产业工会）在充分听取各方意见的基础上，对候选集体和个人进行审查，报省级工会审核。省级工会审核同意后，报全国总工会女职工委员会办公室。

（3）全国总工会成立由女职工委员会常委、委员和有关部门人员组成的评审工作领导小组，对省级工会上报的候选集体和个人进行评审。

（4）评审通过的全国五一巾帼奖状、奖章候选者在全国总工会网站等媒体进行公示，与全国五一巾帼标兵岗、标兵初审结果一并报全国总工会书记处审批。

（5）对全国五一巾帼奖状、奖章获得者，按程序同时申报全国工人先锋号和全国五一劳动奖章荣誉称号。

全国总工会女职工委员会办公室负责评选工作的组织实施。

88. 全国先进女职工集体和个人的推荐评选条件是什么？

（1）全国五一巾帼标兵岗的评选条件

认真执行党的路线方针政策，严格遵守国家法律法规，具有积极向上的团队精神和良好的职业道德风貌，积极开展女职工提升素质建功立业活动，团结协作、积极奉献，勇于开拓、争创一流，在工作中作出突出成绩的女职工班组和科室。女职工比例不少于60%，主要负责人为女性。

（2）全国五一巾帼标兵的评选条件

拥护党的路线方针政策，政治坚定、思想进步，遵纪守法、道德高尚，积极参加女职工提升素质建功立业活动，爱岗敬业、努力学习，勇于创新、甘于奉献，在本职岗位上作出突出成绩的生产和工作一线女职工，以及在岗位练兵、技术比武、技能竞赛中成绩优秀的女职工。

（3）全国五一巾帼奖状的评选条件

模范执行党的路线方针政策，严格遵守国家法律法规，具有积极向上的团队精神和良好的职业道德风貌，坚持科学发展，立足自主创新，注重资源节约，营造和谐环境，在女职工提升素质建功立业活动中成绩优异，为推进社会主义经济、政治、文化、社会与生态文明建设作出重大贡献。全国五一巾帼奖状获得者从全国五一巾帼标兵岗中产生，原则上应获得过省部级以上表彰。

（4）全国五一巾帼奖章的评选条件

拥护党的路线方针政策，政治坚定、思想先进，遵纪守法、道德高尚，积极参加女职工提升素质建功立业活动，爱岗敬业、勤奋学习，锐意进取、艰苦奋斗，服务人民、奉献社会，在本职岗位上取得突出业绩、作出重大贡献。全国五一巾帼奖章获得者从全国五一巾帼标兵中产生，原则上应获得过省部级以上表彰。

89. 全国先进女职工集体和个人的推荐评选工作要求是什么？

（1）高度重视、精心组织、周密安排，严格按照评选条件和分配名额（依据女职工数、经济水平、工作等因素确定），认真做好推荐工作，确保评选表彰工作的顺利进行。

（2）坚持公开、公平、公正的原则，充分发扬民主，广泛听取意见，接受群众监督，自下而上、逐级审核，严格程序、严格把关。

（3）全国五一巾帼奖章获得者原则上从一线女职工中产生。对评选县（处）级领导干部要从严掌握，并按照干部管理权限报上级主管部门同意。地（市）级及以上领导干部不在评选范围内。

（4）认真做好推荐表和登记表的填写工作，逐级加盖公章后上报。

【范例】

浙江嘉兴创新工作室迎来“巾帼号” 建功立业撑起“半边天”

嘉兴市总工会日前命名了20家市级高技能人才创新工作室，其中3家以女职工（女劳模）领衔的创新工作室引人瞩目，填补了这一领域的空白。

据了解，嘉兴自2010年开始创建职工高技能人才创新工作室，到

2013年底，共创建市级高技能人才创新工作室49家。然而，这些工作室清一色由男性领衔。

去年，嘉兴市各级工会女职工组织深入开展女职工素质提升和建功立业工程，通过打好基础，创设载体，积极培育，选树典型，女职工创新工作室创建工作取得了突破性进展。

打好基础，实施素质提升工程

为充分发挥广大女职工高技能人才和女劳动模范在推进企业技术进步、促进经济转型升级中的重要作用，嘉兴市工会女职工委员会积极谋划，突出特色，激发女职工建功立业的内在潜力。

去年年初，嘉兴市工会女职工委员会围绕中心工作，向全市女职工发出倡议，为经济社会发展建功立业，一系列活动由此展开。

实施技能培训、练兵、比武、晋级、技能带头人“五位一体”的技能提升体系，推动女职工岗位创新、技能提升；利用女职工素质提升大（小）课堂、工会职校、文化宫和女职工教育培训示范阵地，多渠道、多途径开展教育培训活动，全面提升女职工的岗位技能、创新能力和综合素质，引领广大女职工积极投身岗位技术创新，充分发挥女职工在提升企业自主创新能力中的主力军作用。

创设载体，深化建功立业工程

深化建功立业工程需要创新载体，嘉兴市工会系统结合全总女职工委员会“中国梦·劳动美——女职工在行动”和省总工会“争当好职工·奉献中国梦”主题教育活动，深入开展“劳动创造·圆梦有我”活动，引导全市广大女职工立足岗位，创先争优。

与此同时，搭建女职工成长成才的活动平台和机制，在女职工集中的行业工种开展技术比武和劳动竞赛，培养技术能手，选树职业带头人，充分发挥劳模先进的引领示范作用，打造企业人才高地，进一步激发女职工的创新热情和创造活力。

收获喜悦，三家女职工创新工作室脱颖而出

经过近一年的努力，张利华技能大师工作室、王贤萍工作室、刘建英（劳模）技能创新工作室这3家以女职工领衔的创新工作室脱颖而出。

张利华技能大师工作室设在浙江雅莹服装有限公司产品研发事业部。该工作室积极致力于产品轮廓改善和新工艺、中国风元素的开发。该工作室中，女职工占80%以上，领衔人张利华先后获评国家职业资格评选“二级技师”、嘉兴市十佳高技能人才、嘉兴市“首席技师”。去年，该工作室还获得省人力资源和社会保障厅的认可。

王贤萍工作室设在嘉兴市规划设计研究院有限公司。领衔人王贤萍是高级工程师、市级劳模。目前已获得4项相关专利的授权，完成了《嘉兴湘家荡低影响开发规划》编制工作。去年，其领衔负责的工作室——嘉兴市水专项办公室被评为市级工作室。

刘建英（劳模）技能创新工作室领衔人刘建英是嘉兴永成制衣有限公司女职工，同时也是全国五一劳动奖章获得者及省、市劳模。通过其所在工作室5名技师的培训，该公司共有88名一线员工拿到了初级职业资格证书，在公司生产管理、技能培训、科技研发中发挥了“半边天”的作用。

资料来源：中国工会女职工工作网

五 依法维护女职工合法权益和特殊利益

90. 女职工有哪些政治权益?

女职工的政治权益主要是指女职工参与政治的权利和依法享有的利益。《妇女权益保障法》第二章对妇女政治权益作了明确规定，如：妇女有管理国家事务、经济和文化事业、社会事务的权利，享有与男子平等的选举权和被选举权，在各级人大代表中女代表应有适当的比例，国家积极培养和选拔女干部等。

工会女职工组织维护女职工的政治权利，主要体现在代表女职工参政议政，为女职工参政议政创造条件，组织女职工参与国家事务和企业、事业单位的民主管理，坚持在职工代表大会中保证女职工代表占一定比例，并保证她们参与讨论企业生产、生活和企业改革等重大问题，以充分体现女职工的意愿。坚持在使用和提拔干部上的男女平等、在女职工较多的行业和部门配备一定数量的女领导干部、选拔和培养女干部等。

91. 女职工有哪些文化教育权益?

女职工的文化教育权益主要是指女职工依法享有的接受教育的权利和从事文学、艺术、科学技术和其他文化活动的权利。《宪法》《义务教育法》《未成年人保护法》《妇女权益保障法》等法律法规都从不同角度规定了女童的接受基础教育权和成年妇女的文化教育权，确立了广大妇女都能享受不同程度文化教育的权利。

工会女职工组织维护女职工的文化教育权益，主要体现在积极为女职工提高文化技术素质创造条件，为女职工提供更多的学习、培训机会，全面提高女职工的整体素质。

92. 女职工有哪些劳动权益？

女职工的劳动权益主要是指女职工依据《劳动法》等享有的劳动权利和利益。主要包括：平等就业和选择职业的权利；取得劳动报酬的权利；休息休假的权利；获得劳动安全卫生保障的权利；接受职业技能培训的权利；享受社会保险和保障的权利；提请劳动争议处理的权利。

工会女职工组织要依据《劳动法》等规定，维护女职工的各项劳动经济权利，配合和监督企业做好保障女职工各项权益措施的实施和落实。

93. 女职工有哪些财产和婚姻家庭权益？

财产权主要是指以财产利益为内容、直接体现某种经济利益的权益，包括物权和债权等。女职工的婚姻家庭权益主要是指女职工在婚姻、家庭中所享有的法律所规定的权利。《民法通则》规定妇女享有同男子平等的民事权利；《妇女权益保障法》规定，国家保障妇女享有同男子平等的财产权利；《妇女权益保障法》《婚姻法》中都规定了妇女在婚姻家庭方面的权益。

工会女职工组织要通过多种形式，教育和帮助女职工学习和掌握相关法律知识，维护自己在家庭和婚姻生活中的合法权益不受侵害，同时开展家庭文化建设活动，发挥女职工在家庭文明建设中的重要作用。

94. 女职工有哪些人身权益？

女职工的人身权主要是指妇女依法享有的、与女职工自身不可分离的、没有直接财产内容的一种民事权利，包括生命健康权、人身自由权、姓名权、名誉权、肖像权、隐私权、荣誉权、人格尊严权等。

工会女职工组织应通过积极参与调查处理侵害女职工人身权利案件，配合、督促有关行政、司法部门严格依法处理对女职工的侵权案件，及时了解女职工的呼声，帮助解决当事女职工所遇到的困难，使女职工的各项人身权益得到切实保障。

95. 女职工的特殊利益主要包含哪些内容?

之所以强调女职工的特殊利益，一是由于女职工存在与男职工不同的特殊生理，因此在劳动中需要特殊保护。一方面男女两性在生理上的差别，决定了女职工不宜从事重体力劳动；另一方面，女性生理机能决定了女职工有经期、孕期、产期、哺乳期（简称“四期”）的生理变化，在此期间需要进行特殊保护。二是女职工扮演着双重社会角色，使女职工的精力和体力承受特殊压力。此外，现实生活中还存在着性别歧视现象，决定了要保护女职工特殊利益的内容。

96. 女职工权益维护方面存在哪些主要问题?

当前，女职工权益维护方面存在的主要问题有以下方面：

（1）女职工整体素质依然偏低，与新阶段经济社会发展需求不相适应；

（2）女职工参与国家、社会事务和企业管理及决策的程度还不够高；

（3）劳动用工制度不规范，女职工就业、再就业困难大，就业市场上存在一定程度的用工性别歧视，侵害女职工劳动权益的现象比较严重；

（4）困难女职工家庭负担重，面临困难更加突出，部分女职工因工作和生活压力较大形成一定的心理障碍；

（5）非法侵犯女职工人身权利的事件时有发生；

（6）女职工劳动保护出现许多新情况新问题，一些企业女职工“四期”劳动保护得不到落实，企业生育保险参保率低；

（7）女农民工的权益保障问题比较突出。

97. 各级工会女职工组织如何做好女职工合法权益和特殊权益的维护工作？

各级工会女职工组织要充分认识维护女职工合法权益和特殊利益的重要性和必要性，加大女职工维权工作力度，突出抓好维护女职工合法权益和特殊利益的工作。对权益受到侵犯的女职工，要为其提供法律援助和服务；对违反劳动法律法规、侵犯女职工合法权益的行为，尤其是典型侵权案例，要一抓到底，直至问题得到解决；要针对女职工经期、孕期、产期、哺乳期（简称“四期”）特殊保护的落实和男女同工同酬、平等受教育等问题开展专门协商，签订女职工权益保护专项集体合同；要整合社会资源，依托工会帮扶中心，大力开展对下岗失业女职工的技能培训和转岗培训，帮助她们实现再就业和自主创业。

98. 如何注重源头参与，建立女职工维权工作机制？

工会女职工组织要履行好维护女职工合法权益和特殊利益的基本职责，必须加强源头维护机制建设，这是有效维护女职工权益的根本途径。实践证明，只有加大源头参与的力度，才能更好地代表和维护女职工的合法权益和特殊利益。

各级工会女职工组织要以《劳动法》《工会法》《劳动合同法》《就业促进法》《妇女权益保障法》和《女职工劳动保护特别规定》等

法律法规为依据，从宏观和微观两个层面做好维权工作。各级工会领导机关的女职工组织要积极参与涉及女职工权益法律法规的制定与完善，推动和促进涉及女职工权益的法律法规纳入国家和地方的立法规划；通过工会组织中的人大代表、政协委员等多种途径，积极反映女职工权益方面的突出问题，提出建议；从理论与实践的结合上认真研究和把握劳动就业、社会保障、劳动保护、职业安全卫生等方面问题，积极做好源头参与和宏观维护。

基层工会女职工组织要参与本单位平等协商和签订集体合同工作，将女职工特殊权益的具体内容纳入集体合同中，积极创造条件签订保障女职工特殊利益的专项集体合同或将女职工特殊利益的文本作为集体合同的附件等。

在推行职工代表大会制度中，要体现保障女职工参与民主决策、民主管理、民主监督的权利，坚持职工代表大会中有一定名额和比例的女职工代表，积极征集涉及女职工权益的突出问题提交大会讨论。工会女职工组织还要在工会与同级政府的联席会议制度及政府、企业（雇主）、工会三方协调机制中发挥作用，积极参与与女职工有关的劳动争议的调解和仲裁工作。

99. 如何开展调查研究和法律监督，推动法律法规的贯彻落实?

工会女职工组织对有关法律法规的贯彻落实情况要进行深入调查研究，及时准确地反映情况和问题，并在此基础上运用法律武器维护女职工的权益。

要密切关注、积极跟进每一个时期女职工最关心、反映最强烈的问题。根据具体情况确定调研重点，对重大问题应协同有关部门进行专题调查，并将情况、问题和建议及时向党委和政府反映。

各级工会女职工组织要注意加强与政府、行政部门的沟通与合作，并主动配合人大、政协及劳动部门开展有关的执法检查，对于检查中发现的问题，要督促政府有关部门予以解决，督促违法企业进行整改，杜绝侵权现象的发生。同时逐步建立健全工会群众性法律监督网络体系，与司法监督、行政监督和社会舆论监督结合起来。要通过开展联合调查、开设女职工维权热线等方式对侵害女职工权益的行为进行监督，推动各项法律法规的落实。要认真参与对侵害女职工权益重大案件的查处，旗帜鲜明地为受害女职工伸张正义。同时要努力优化维护女职工权益的法制环境，加大向全社会宣传女职工权益保障法律法规的力度，以提高包括党政领导干部、工会干部、企业经营者、女职工等在内的全社会成员对法律法规的认知程度。

100. 如何提高女职工的法律意识，增强女职工自我维权的能力？

在现实工作和生活中，一些女职工不知法、不懂法、缺乏自我保护的意识和能力，是其权益受到侵害的一个重要原因。各级工会女职工组织必须把加强对女职工的普法教育作为一项重要工作内容，加大力度，采用多种方式向女职工宣传法律知识，增强女职工的法制观念，使广大女职工不仅自觉遵守国家的法律法规和企业的规章制度，同时了解法律法规所赋予自己的权利。广大女职工只有掌握了法律这个武器，才能够依法维护自身的合法权益，自觉地与侵害自己权益的现象作斗争，并有利于形成群众监督机制。

101. 如何整合社会资源，共同做好维护女职工权益工作？

维护女职工合法权益和特殊利益是一项复杂的社会系统工程，是全社会的共同责任。做好女职工维权工作不是单靠某一组织和部门能够独立完成的，而是需要党组织的重视和领导，政府的作为，各级人民代表大会的立法和监督，政协的关注与督促，新闻媒体的宣传与干预，公检法、劳动、民政、卫生、教育、工会、妇联等部门和群众团体各司其职、通力合作，以及全社会的广泛参与和支持。各级工会女职工组织在履行职责的同时，要加强与社会各方面的沟通、联系和配合，借助社会各方面的力量和资源，协调内外关系，积极探索社会化维权的新方式、新途径、新举措，推动并逐步形成党委领导、政府重视、各方支持、工会运作、女职工参与的工作格局，使工会女职工组织的维权力量不断加强、领域不断拓展，使女职工的合法权益和特殊利益得到切实保障。

102. 困难女职工的含义是什么？

在国家经济结构和社会结构发生深刻变化的时期，女职工在生产与生活中遇到的问题显得更为突出。如有些女职工因下岗带来一定的经济困难；有些女职工身患重病、大病导致家庭贫困，有的无力承担子女上学费用等。尤其要关注女职工特困群体，对于家庭人均收入低于当地城镇居民最低生活保障线的女职工；家庭人均收入略高于当地城镇居民最低生活保障线，但因下岗失业、重大疾病、子女教育、意外灾难等原因造成家庭生活困难的女职工；因遭受各类灾害、重大意外事故造成家庭生活困难的女职工。单亲困难女职工是困难女职工群体中的一个特殊群体，要进一步研究探索对单亲困难女职工的帮扶、救助措施，着力做好单亲困难女职工的帮扶解困工作，帮助她们解决工作生活中的实际困难。

103. 什么是女职工“关爱行动”？

为推动党和政府保障和改善民生的落实，坚持以人为本，进一步加大对困难女职工的帮扶力度，帮助她们解决生产生活中遇到的特殊困难，全国总工会女职工委员会于2011年3月正式启动实施女职工“关爱行动”。全国总工会投入4000万元专项资金对困难女职工进行帮扶救助。2011年全国总工会办公厅和女职工委员会先后下发了《关于启动实施女职工“关爱行动”的通知》和《关于认真做好女职工“关爱行动”相关工作的通知》；召开了全国女职工“关爱行动”工作研讨会；成立了由全国总工会副主席、女职工委员会主任张世平任组长，全国总工会女职工部、信息中心、宣传教育部、保障工作部、财务部等单位负责人为成员的领导小组；成立了由原国家卫生部、妇幼保健院、中国疾控中心、有关医院等方面专业人员组成的专家指导组。

女职工“关爱行动”与“送温暖”、“金秋助学”、“千万农民工援助行动”等工会帮扶项目相结合，主要针对在各级困难职工帮扶中心建立档案、经日常救助后生活仍然困难的女职工特别是单亲困难女职工和女农民工开展帮扶救助。女职工“关爱行动”的内容主要有四项：一是特困援助；二是职业健康；三是子女助学；四是心理关怀。2011年至2012年，突出并集中开展单亲困难女职工和困难女农民工帮扶、在困难企业女职工和女农民工中开展“两癌”（乳腺癌、宫颈癌）检查两项重点工作。

104. 开展女职工“关爱行动”的具体工作要求有哪些？

开展女职工“关爱行动”的具体工作要求有以下几点：

（1）各级工会要进一步提高对开展“关爱行动”重要意义的认识，切实加强组织领导，精心策划，周密实施，注重工作实效。

（2）各省（区、市）总工会要按照全国总工会女职工委员会每年确定的实施重点，认真研究本年度拟开展的活动内容，制定具体实施方案和资金使用计划，向全国总工会女职工委员会办公室提出书面申请。

（3）各省（区、市）总工会要根据实际，本着自愿的原则，在有需求、有条件、有基础的地区先行开展，并将计划实施和资金使用情况向全国总工会女职工委员会办公室报送。

（4）有条件的地方可通过工会拨款、社会资助、多方筹措资金等，为开展活动提供一定的配套资金，争取为更多的困难女职工提供服务。

（5）要充分运用社会各新闻媒体和工会宣传阵地等平台，集中力量、集中时段，广泛造势宣传，不断扩大影响，全力打造工作品牌，为帮扶困难女职工营造良好的社会氛围。

105. 生育保险的含义是什么？

生育保险是指由国家通过立法，对职业妇女因生育而暂时中断劳动，由国家或单位为其提供生活保障和物质帮助的一项社会制度。其目的是通过向生育职业妇女提供生育津贴、医疗服务和产假等方面的待遇，保障她们因生育而暂时中断劳动时的基本经济收入和医疗需求，帮助生育职业妇女安全度过生育期，并使婴儿得到必要的照顾和哺育。各国生育保险的项目、条件和标准主要是根据本国经济状况而确定。

106. 我国生育保险制度是如何改革与发展的？

（1）城镇生育保险制度的确立

1994 年 7 月第八届全国人民代表大会常务委员会第八次会议通过了《劳动法》。这是我国第一部全面调整劳动关系、确定劳动标准的基本法。为配合《劳动法》的贯彻实施，原劳动部在总结各地生育保险制度改革实践经验的基础上，于 1994 年 12 月原劳动部颁布了《企业职工生育保险试行办法》，使生育保险制度改革在内容、标准、形式等方面有了初步规范，成为我国推进生育保险制度改革的主要法规依据。《企业职工生育保险试行办法》规定：生育保险根据“以支定收，收支基本平衡”的原则筹集资金，由企业按照职工工资总额的一定比例向社会保险经办机构缴纳生育保险费，建立生育保险基金。其缴费比例最高不得超过职工工资总额的百分之一。职工个人不缴纳生育保险费。生育保险待遇由生育津贴、医疗服务和产假三部分组成。

(2)《社会保险法》施行

随着我国社会保障制度的进一步发展，2011 年 7 月国家施行了《社会保险法》，进一步明确规定："国家建立基本养老保险、基本医疗保险、工伤保险、失业保险、生育保险等社会保险制度，保障公民在年老、疾病、工伤、失业、生育等情况下依法从国家和社会获得物质帮助的权利。"并在第六章专门规定了生育保险的覆盖范围、筹资和待遇项目。

(3)《女职工劳动保护特别规定》颁布施行

2012 年国务院颁布施行了《女职工劳动保护特别规定》，将产假时间延长至 98 天，同时就女职工流产假、享受生育或流产的医疗费用、生育津贴待遇等作出了规定。《特别规定》的颁布实施，标志着职工生育保障待遇得到了进一步提高，加强了对女职工生育权利的保护。

(4)《生育保险办法》的制定

为完善生育保险制度，进一步促进妇女公平就业，保障女职工生育期间获得经济补偿和基本医疗服务，人力资源和社会保障部依据《社会保险法》，于 2012 年起草了《生育保险办法》，主要包含的内容有：生育保险的适用范围、生育保险的缴费基数、生育保险筹资原则及缴费比例、生育保险待遇和标准、生育保险的管理和监督、相关法律责任。

107. 现行城市生育保险制度的主要内容是什么？

我国生育保险制度分为城市与农村两个制度体系。城市生育保险制度主要由用人单位保障和城镇职工生育保险制度两部分组成，其主管部门是人力资源和社会保障部。计划经济体制时期，我国城市的生育保障完全实行单位负责制度；随着社会主义市场体制的建立，以社会统筹互济为核心特点的职工生育保险制度应运而生，并代表着发展方向。但是从总体上看，目前的生育保障制度仍是双轨运行。

（1）用人单位负担生育费用

由用人单位负担生育费用的方式，主要在国家机关、事业单位、社会团体及部分企业中实施。用人单位负担职工生育费用的办法主要依据各个时期的法规、政策，现行依据2012年4月国务院颁布的《女职工劳动保护特别规定》。对未参加生育保险的单位，生育女职工除享受98天产假，其产假期间的生育津贴由用人单位按照该女职工产假前工资的标准支付；女职工生育的医疗费由用人单位支付。机关、事业等单位的资金来源于财政预算拨款。

（2）城镇职工生育保险制度

目前，国际上通用的生育保险制度通常包含生育津贴和生育医疗照顾两部分，前者是指妇女劳动者产假期间享有的现金补助，后者是指由医疗卫生机构为妇女提供的产前检查及住院期间的服务，并通常包括在医疗保险制度中。我国现阶段把两部分组合起来，在医疗保险制度之外建立了独立的职工生育保险制度。

我国生育保险的覆盖范围包括全体职业人群，资金筹集由用人单位按照国家规定缴纳生育保险费，职工不缴纳保险费。生育保险待遇支付项目主要包括生育津贴和生育医疗费用。各地规定生育津贴支付期限一般与产假期限相一致，在98至180天之间，支付标准按照用人单位上年度职工月平均工资的标准支付。医疗费主要包括生育的医疗费、计划生育医疗费和法律、法规规定的其他项目费用等。职工未就业配偶也可享受生育医疗费用待遇。

108. 当前生育保障工作中存在的问题有哪些？

自城镇职工生育保险制度建立以来，随着各地生育保险制度的推进实施，覆盖面扩大，但是仍有相当部分的中小非公企业的女职工，特别是女农民工没有被覆盖进来；一些经营困难的企业，无力为女职工缴纳保险费用；一些地区支付水平偏低，生育基金收大于支的问题突出；社会化管理水平低，生育保险金领取手续烦琐，给企业和女职工带来不便，等等。随着劳动力市场竞争加剧，一方面，有的女职工为保住就业岗位，一直不敢生孩子；另一方面，有的生育女职工即使没有享受到生育待遇，也不敢向企业提出要求或者申请劳动仲裁。这些问题的存在，影响了生育保险作用的发挥，导致就业性别歧视依然严重。

109. 工会如何进一步推进生育保险工作?

（1）加大对生育保险的宣传力度。生育保险是我国五大保险之一，是我国社会保障体系的重要组成部分。各级工会要贯彻落实《社会保险法》，采取多种形式，加大宣传工作力度。要广泛宣传女性生育的社会价值，使更多的人认识到妇女在人类自身生产中的作用和贡献，提高全社会对女性生育价值的认识，为生育保障制度的实施创造良好的社会环境和氛围；要加大生育保险制度以及相关的政策法规的宣传，让人们了解生育保险的相关政策，帮助女职工依法依规来维护好自身权益。

（2）推动政府有关部门尽快完善生育保险制度。各地方工会要积极配合政府有关部门，研究、制定《生育保险实施细则》，推动生育保险制度的完善，推动《社会保险法》的贯彻落实。在制定政策时，要深入开展调查研究工作，注意听取基层工会和女职工的意见和呼声。

（3）进一步加强工会与政府及有关部门的配合，加强对生育保险执行情况的监督，及时研究解决生育保险工作中存在的突出问题，促进生育保险制度的不断完善和生育保险制度改革的健康发展。

110. 什么是社会性别？

生理性别（Sex）指的是男女之间的先天自然差异。社会性别（Gender）是相对于生理性别而提出来的一个概念，它指的是由社会文化和实践所建构出来的男性或女性的群体特征、角色、活动及责任。社会性别是后天塑造出来的。

社会性别平等是指所有的人，不论男女，都应该在不受各种成见、传统的社会性别角色分工观念以及歧视的限制下，自由发展个人能力和作出各种选择。性别平等并不意味着女性和男性必须变得完全一模一样，而是说他们的权利、责任、机会、待遇、评价应该平等。实现社会性别平等的过程就是努力使获得资源、机会、权力、责任能力、影响力以及报酬和福利等方面的性别差距逐渐缩小的过程。

目前，“社会性别”已经成为分析社会现象的一种重要方法和工具。社会性别概念的广泛应用，给人们认识社会现象提供了一个新的视角。在此视角下，人们发现社会观念、资源分配和社会结构中一直存在着由后天社会性别所产生的性别歧视，这种歧视渗透在政治、经济、教育、卫生、宗教等领域。

111. 什么是社会性别平等主流化？

1995 年联合国第四次世界妇女大会通过的《北京行动纲领》中明确提出：“在处理建立提高妇女地位的机制问题时，各国政府和其他行动者应提倡一项积极鲜明的政策，将性别观点纳入所有政策和方案的主流，以便在作出决定以前分析对妇女和男子各有什么影响。”“社会性别平等主流化”被联合国第四次世界妇女大会确定为促进性别平等的全球战略。

关于社会性别平等主流化的进一步定义。1997 年联合国经济和社会理事会通过了一致结论：把性别问题纳入主流是一个过程，它对任何领域各个层面上的任何一个计划行动，包括立法、政策或项目计划对妇女和男人产生的影响进行分析。它是一个战略，把妇女和男人的关注、经历作为在政治、经济和社会各领域中设计、执行、跟踪、评估政策和项目计划的不可分割的一部分来考虑，以使妇女和男人能平等受益，不平等不再延续下去。它的最终目的是达到社会性别平等。

社会性别平等主流化主要体现在下列层次：第一，地区层面的主流化：在社会性别平等问题上讨论的是“一个地区应该做什么，不仅仅是一个组织应该做什么”。例如欧盟制定了一系列与社会性别平等相关的政策。第二，国家（政府）层面的主流化：政府应有性别敏感，在制定政策和作出决策时，应有性别意识，促进社会性别平等主流化。非政府组织要从妇女的角度进行政治分析，与政府对话。利用国际条约、地区性会议推动政府行为。与主流决策者对话后要关注效果，要做政策效果分析。第三，社区层面的主流化：要改变在很多社区文化中，女人只能做家务劳动，不能参加公众活动、社区活动的概念，让更多的妇女参与到公众活动和社区活动中，开阔视野，提高素质。第四，非政府组织层面的主流化：社会性别平等主流化不仅是与政府打交道，还应把与非政府组织的工作结合起来。例如，在决策中如何提高妇女参与管理的数量和质量；在项目的执行过程中如何鼓励妇女发挥作用；如何考虑妇女的需求；如何与其他组织联络，让妇女参与地区性、全国性会议，让妇女在会上发言、作报告等。第五，组织内部的主流化：在组织内部成员中也要考虑性别问题。培训基层妇女，让男人分担家庭责任和家务劳动；评估项目时也要考虑性别问题。在组织内部的社会性别平等主流化包括很多问题，如同工同酬、参与决策、资源、健康、生育、参政、赋权、变革等。

112. 工会如何推进社会性别平等工作?

（1）工会组织自身

一是通过工会的组织制度建设和提高各级工会领导干部及工会会

员的社会性别平等意识，推动工会性别平等主流化。将推进社会性别平等意识纳入全会工作，加强工会中的性别平等机制和制度建设，确保其同工会工作的结合。一方面，使工会机关各部门的工作具有社会性别平等视角，体现社会性别平等；另一方面，对社会性别平等的问题在工会机关的职能部门之间进行协调和落实，以避免性别平等问题的边缘化。

二是提高各级工会领导干部的社会性别平等意识。社会性别平等主流化理念能否融入工会的各项工作中，关键在工会领导层。提高工会领导层社会性别平等意识，能使性别平等更好地进入到工会的各项工作之中。

三是建立健全工会系统性别分类的统计数据库，在工会统计年鉴中设立性别分类统计指标。过去，在工会统计年鉴中性别分类统计指标缺失，难以对男女职工的基础数据和各项指标进行系统分类分析。对此，应就增设完善性别统计分类指标开展调研和论证，确立科学的工会性别统计分类指标，以便对性别平等的相关数据项目作出评估，为工会系统建立科学的分性别统计指标体系打下良好的基础。

四是开发在工会中推进社会性别平等的分析方法和工具。社会性别平等主流化是一个具体实施的过程，而不是一个空泛的概念和一两句的口号。在工会组织中实现社会性别平等要求开发出适用于工会具体工作及项目评估的方法和工具，并用这些方法和工具进行监测和指导社会性别平等纳入各机构和各项具体工作的过程，使社会性别平等的原则体现在工会的各项政策、规划、项目之中。

五是将社会性别平等纳入工会各业务部门工作之中。在工会内部实现社会性别平等主流化需要通过各个业务部门的具体工作，这就需要在一般性地提高认识的基础上，工会的各个职能部门结合具体业务有针对性地分析研究制订其实现社会性别平等的计划、措施和策略。

六是对工会会员提供培训和开展宣传教育。宣传先进的性别文化，引导男女两性共同承担社会和家庭责任，在平等、合作地参与社会和家庭生活的过程中和谐发展，在未来社会中实现双赢。

（2）在工会组织外部

工会通过影响政府机构、企事业单位、新闻媒体、其他群众团体和社会公众，创造实现社会性别平等的条件，营造社会性别平等主流化的氛围。

一是对各级党委和政府及人大、政协、司法机构，工会要参与立法，从社会性别平等的视角去分析国家现有的与职工相关的法律法规、政策、规划等，对存在性别歧视和性别盲视的问题向政府及有关部门提出修改的意见和建议；对现有的法律法规执行中缺乏社会性别平等视角，或有法不依、执法不严、违法不纠的进行监督。对法律、法规、政策、规划不完善的问题进行调查研究，积极促进完善社会性别平等的法律体系。

二是对企事业等用人单位，工会要代表职工同企事业单位领导者就性别平等问题进行协商，监督并纠正企事业单位在性别平等方面的错误行为，维护男女职工的合法权利。督促、协助企事业单位加大资金和技术投入，改善劳动安全卫生条件，对男女职工实行积极的劳动保护。

三是对新闻媒体，工会要利用自办媒体和社会新闻媒体宣传社会性别平等观念，同时监督媒体对女性的宣传报道，反对强化女性的传统角色和性别歧视的舆论宣传；利用各种形式和途径宣传男女平等，使决策者和执行者及社会公众加深对社会性别平等主流化的认识，使社会性别平等观念进入我国的主流文化，营造两性和谐和可持续发展的良好的社会环境。

四是对社会伙伴，工会要加强同妇联组织、各相关部门和团体等社会伙伴的合作，就有关社会性别平等的问题听取各方的意见并沟通相关信息，整合社会资源，通力合作，携手解决我国社会发展中遇到的性别问题。

113. 当前工会推进社会性别平等的重点工作有哪些？

（1）加强以“劳动领域为重点”的权益保障工作

在我国劳动力市场上和企业内部存在的一些侵害女职工的劳动权益、阻碍就业与职业发展的性别不平等现象，对女职工群体和整个社会产生不利影响。在我国大部分劳动力市场上，从就业预备到退休都存在着较为严重的显性和隐性性别歧视，且歧视现象和歧视程度有增大趋势；女性收入与男性收入之间的差距，也有扩大趋势；行业与职业性别隔离现象趋于严重；许多女性的特殊职业保护问题未引起重视；在非正规部门就业的女性其权益受损较为严重；工作场所女职工的尊严保护问题尚未引起足够的重视等。因此，在我国推进社会性别平等，应以劳动领域为重点，加强对女职工的维权工作。

（2）加强“女代表和女领导比例为突破口”的女职工社会参与平台和机制建设

目前，党政及工会机关中女性领导数量和层次普遍偏低，企业中的职工代表大会女代表、职工董事和职工监事中女性比例也不理想。各级工会，特别是基层工会要以提升“女代表和女领导比例为突破口”，加强女职工社会参与平台和机制建设。

（3）加强社会性别平等培训

工会干部和工会会员缺乏社会性别平等意识，对存在的社会性别不平等问题缺乏敏感性等，特别是工会领导和决策层存在缺乏社会性别平等意识而导致决策和具体工作中对社会性别平等重视不够的问题。例如，工会还没有建立系统的分性别信息统计数据；工会领导层、工会各级代表大会和委员会、职工代表大会、集体合同谈判代表中女性比例偏低，忽视女性权益和忽略女性需求的问题仍大量存在。对此，需要从工会自身加大从普通会员到领导干部各个层次的培训，提升社会性别平等意识，形成全会提升社会性别平等的合理性和自觉性。

（4）营造平等氛围，加强社会监督

工会要广泛利用社会资源做好维护女职工权益的工作。应借助有关部门和有关方面的力量加强女职工维权工作，通过建立健全社会化的维权机制，充分发掘和利用社会资源，借助社会舆论和行政执法部门的监督力量，发动全社会关心和关注女职工的生存状况，齐心协力，共同促进社会性别平等工作。

【范例一】

单位辞退孕期女工　赔偿还要履行合同

基本案情：

2012年9月，王女士入职某公司，岗位是会计兼文员。单位未与其签订劳动合同，也未缴纳社会保险。2013年10月11日，王女士查出怀有身孕，单位知道后，在其怀孕5个月时，要将她调到收银员的岗位。因她不同意调岗，公司人事部经理虎某便口头通知将她辞退了。

王女士认为公司与自己解除劳动关系违反了《劳动合同法》，便申请劳动仲裁，要求确认2012年9月6日至2014年2月17日期间自己与公司存在劳动关系、公司支付未签订劳动合同二倍工资差额，并要求继续履行劳动合同。

处理结果：

仲裁委裁决王女士与公司存在劳动关系、单位支付未签订书面劳动合同双倍工资差额2万元、公司与王女士继续履行劳动合同。

案件评析：

在仲裁过程中，公司否认与王女士存在劳动关系，因此王女士应当对是否存在劳动关系负有举证责任。她提交的与公司人事经理虎某的录音可以证明其入职时间，但公司表示单位里没有虎某这个人，对录音的真实性及证明目的不予认可。

然而经仲裁委核查，公司在2014年3月10日开具的加盖公司公章的介绍信，介绍其单位员工虎某到仲裁委领取相关材料并在送达回证上签字，所以，仲裁委认可虎某系公司员工，并认可其职位为人事部经理。同时，录音为王女士与虎某谈论关于调岗、被辞退等内容，该录音显示王女士是该公司员工，故仲裁委采信了她的主张，即双方存在劳动合同。

根据《劳动合同法》的规定，女职工在孕期的，用人单位不得依照本法第40条、第41条的规定解除劳动合同，而公司与王女士解除劳动合同有悖此条款，因此，仲裁委裁决公司与王女士继续履行劳动合同。

【范例二】

刚入职半月出工伤也享停工留薪待遇

基本案情：

2014年3月2日，宋小姐入职某建材厂，签订劳动合同至2015年3月2日。3月18日，宋小姐工作时受伤，后认定为工伤，经鉴定为九级伤残。9月2日，双方解除劳动关系。

宋小姐多次与建材厂协商工伤补偿事宜，未达成一致意见，随后向工会申请法律援助。工会指派律师帮她维权，向劳动仲裁委申请仲裁，要求单位支付工伤待遇。

处理结果：

经调解，建材厂向宋小姐支付一次性伤残医疗补助金、一次性伤残就业补助金、停工留薪期间工资共计9万元。

案件评析：

本案的难点是如何确定停工留薪期的待遇。停工留薪期是指职工因工作遭受事故伤害或者患职业病，需要暂停工作接受工伤医疗，并依法享受原工资福利待遇的期间。《工伤保险条例》第33条第一款规定，职工因工作遭受事故伤害或者患职业病，需要暂停工作接受工伤医疗的，在停工留薪期内，原工资福利待遇不变，由所在单位按月支付。

本案中，职工宋小姐在2014年3月18日因工受伤，当日至5月30日期间住院治疗，8月18日医疗终结时伤情痊愈，由此可以确定其停工留薪期工资3万元。由于宋小姐是3月2日才入职的，刚上班十来天就发生工伤，建材厂不但要支付医疗费及停工留薪期的工资，着实觉得吃亏。

法律关于停工留薪期的规定，旨在保障工伤职工接受工伤医疗，恢复身体健康和劳动能力的权利。但在实践中，用人单位与工伤职工基于自身利益考虑，经常无法就停工留薪期的长短、待遇多少达成一致意见，职工申请维权后，劳动仲裁委或者法院会根据工伤职工受伤的部位和程度，结合工伤医疗服务机构出具的诊断证明或医事证明书，酌情认定工伤职工停工留薪期，但一般不超过12个月。

【范例三】

不依约履行劳动合同　用人单位要付出代价

基本案情：

2008年至2013年期间，某总公司与刘某（女）等7名职工签订无固定期限劳动合同。

2013年11月上旬，单位要求他们解除与总公司的劳动合同，然后与总公司全资子公司的分公司签订新的劳动合同，7名职工不同意。

2013年11月21日，单位给他们送达了《培训通知书》，要求进行一年的待岗培训，待遇按北京市最低工资标准发放。

7名职工认为总公司单方变更劳动合同，违反了《劳动合同法》的相关规定，要求被告继续履行劳动合同，单位拒绝。7 人向工会求助，下派调解中心委托律师进行调解。

处理结果：

经法院与调解中心主持调解，7 位职工与单位自愿达成协议：获赔 50 万元，解除劳动关系。

案件评析：

调解中心委托的律师调解员是此次劳动纠纷案件中为此案调解的主导人。

在这次调解过程中，律师调解员深入分析 7 名职工的证据材料，跟他们多次核实证据，根据职工草拟的书面调解内容，逐项跟每个人仔细核对，帮助他们分析调解的条件，并对相关的法律条文及可能出现的结果一一做了解释，分析原告与被告达成调解条件的合理性和可行性。

这次群体性劳动纠纷，在经过 3 个月时间后终于能够和解，缘于工会律师调解员多次与双方当事人电话沟通、当面交流。

律师作为专业人士，在案件调解过程中，仔细听取双方当事人意见后，重点就劳动争议发生的原因、关键环节进行仔细周密的分析、调查、核实，找准发生纠纷的症结，找出调解争议的法律法规和政策理论依据，及时化解纠纷，促进劳动关系和谐。

六　女职工劳动保护

114. 女职工劳动保护的含义是什么？

女职工劳动保护，是针对女职工的生理特点而进行的特殊保护。它主要研究生产过程中劳动条件对女职工身体健康的影响，防止职业有害因素对女性生理机能的影响，保护女职工能够健康持久地从事生产劳动，育龄女职工能够孕育健康的下一代。国际劳工组织的有关资料显示，女职工劳动保护包括四个方面的内容：一是保护母性，即保护女性机能，如“四期”保护（月经、妊娠、分娩、哺乳）；二是规定女职工的工作时间，如孕妇、乳母禁止加班加点及不做夜班等；三是禁止女职工从事危险有害作业；四是女性与男性有同等就业机会，同工同酬。

115. 女职工劳动保护工作的重要性有哪些？

（1）改善劳动条件，保护劳动者在生产劳动过程中的安全与健康，是党和国家的一贯政策

在中国共产党领导的工人运动中，始终把女工劳动保护作为斗争的重要内容。在半封建半殖民地的旧中国，女工是最廉价的劳动力，每天工作长达 12 至 16 小时，工资收入却非常低，从事同男工一样的工作，但工资却仅有男工的 1/3。她们除了和男工一样受资本家的剥削外，还经常受到资本家的毒打和侮辱。女工一旦结婚怀孕，就有被开除的危险，因此一些女工怀孕后怕被工头发现，用布把肚子裹起来，孩子生下没几天就去上班干活，造成妇科疾病。可见，旧中国不仅残酷剥削、压迫女工，而且严重摧残了女工和婴幼儿的身体健康。我们党最了解最关

心女工的疾苦，自1925年召开的第二次全国劳动大会到1948年第六次全国劳动大会，每次都把“保护妇女权益，女工应受特殊保护”作为斗争纲领之一。中华人民共和国成立后，我国政府在制定和发布的许多法规、条例中，都对女职工的产假、休息、福利待遇、卫生设施和特殊保护等作出了明确的规定。党的十一届三中全会以后，为了适应经济建设发展和改革的需要，1988年6月国务院常务会议通过了我国第一部《女职工劳动保护规定》。

（2）女性生理机能的特点决定了必须对女职工进行劳动保护

女性同男性有不同的生理特点，在身体结构、生理机能及对环境因素的敏感性方面与男性相比有很大差异，劳动强度过大或有毒有害作业等会直接损害女职工的身体健康。在身体结构方面，女性的平均身高、肩宽、胸围、上下肢长、手足长、体重及骨骼均小于男性，因此，女性劳动强度的承受力不如男性。女性生殖器官在形态结构上比男性复杂，使女性的患病几率在客观上高于男性。这就要求必须对女职工进行特殊保护。女性生理机能决定了女职工有月经、怀孕、生育、哺乳等生理变化，使女职工在劳动作业能力上发生一定变化，这就要求在女职工生理变化期间对其进行特殊保护。同时，由于男女两性生理上的差异，对生产环境中各种因素的反应也不相同，如女职工对体力劳动的适应能力不如男职工，对有毒有害工种的劳动、高温或寒冷的环境下作业等比男职工反应敏感。这就要求在安排女职工的工作时，注意女职工的生理特点，不得让女职工从事过分繁重的、有害女性生理机能的工作。

（3）为了保护母亲和下一代的健康，必须对女职工进行劳动保护

女职工劳动保护关系下一代的健康，关系中华民族整体素质。女职工一方面担负着经济建设的重任，另一方面还承担着人类自身再生产的社会责任，担负着孕育后代的天职。怀孕期间和哺乳期内女职工的活动环境和劳动条件直接影响胎儿的正常发育和婴幼儿的健康成长。女职工怀孕后身体会发生一系列生理变化，如体重增加、新陈代谢加快、心脏负担加大等，此时若身体过度劳累、精神高度紧张或从事有毒有害作

业，就会可能造成流产、早产，甚至胎儿畸形、死胎等严重后果。哺乳期母亲的健康对婴儿的发育和健康也至关重要。如果哺乳期女职工从事有毒有害工种，就会造成乳汁含毒并通过授乳进入婴儿体内，影响婴儿的健康成长。由此可见，保护女职工的安全与健康，不仅是保护女职工本人，也是保护子孙后代，是一项造福于民族、造福于人类的社会责任。

（4）女职工劳动保护是保护和调动女职工劳动积极性，促进国民经济可持续发展的需要

保护女职工就是保护生产力，保护女职工的安全与健康也是促进经济发展、构建和谐社会的需要，是国家和社会共同的责任。做好女职工劳动保护有利于保护女职工的劳动能力，促进其平等就业，对于进一步激发女职工参与经济建设的积极性和创造性、促进劳动生产率的提高具有积极的推动作用。随着我国经济建设的发展，女职工队伍日益壮大，她们遍布各行各业，已成为经济建设的中坚力量。做好女职工的劳动保护工作，能够保护广大女职工在生产过程中心理、生理机能不受伤害，保证有健康的身体投入生产。

116. 当前女职工劳动保护存在的主要问题有哪些？

（1）劳动用工制度不规范，侵害女职工劳动权益问题不同程度地存在

一些企业在招工中存在着性别和年龄歧视。如在招工中用男不用女，或只招收 19 至 25 岁未婚未育的女性，大量使用女职工“黄金年龄”段或“青春期”，避开女职工孕、产、哺乳期，以躲避对女职工特殊保护的责任。一些企业不与女职工签订劳动合同或劳动合同履约率低。有的企业与女职工签订的劳动合同中没有女职工特殊保护内容。

（2）女职工“四期”保护得不到落实

一是经期保护得不到重视。有的女职工经期仍从事高空、低温、冷

水作业和第三级及以上体力劳动强度的劳动。二是孕期保护得不到落实。一些企业存在女职工怀孕七个月以上被延长劳动时间和安排从事夜班劳动等现象。在一些化工、建材行业有女职工在怀孕期间被安排从事国家规定的第三级体力劳动强度的劳动和孕期禁忌从事的劳动。有的企业在与女职工签订的劳动合同中出现了不允许女职工怀孕、女职工一旦怀孕将被解聘等条款。三是产假待遇落实困难。据调查，在一些企业，特别是服装行业，女职工不能享受产假的比例较高，一些企业特别是一些中小非公企业未参加生育保险，也不按有关规定落实生育和产假待遇。女职工产假工资无保障、生育费用得不到报销。四是哺乳时间得不到保障。因受计时、计件工作的影响，一些女职工哺乳时间得不到保障。有些企业取消了哺乳时间或将哺乳时间累计扣工资；有的企业虽给哺乳时间，但不减劳动定额，女职工只好放弃哺乳时间。在一些行业还存在女职工哺乳期内延长其劳动时间或从事夜班劳动的现象。

（3）部分企业女职工的休息休假权利及相应经济权益受到侵害

一些企业侵害女职工休息休假权利及相应经济权益问题较为严重。特别是非公有制企业加班加点超工时现象普遍存在，且不能按规定支付加班工资，以服装、制鞋、餐饮等行业最为突出。女职工劳动强度大，工资报酬低。在纺织、服装等生产季节性强、突击性任务多的非公企业，女职工常常一天工作十几个小时，而加班费不按《劳动法》规定的标准计发。一些孕期、哺乳期的女职工也要加班加点。

（4）劳动卫生条件差、职业安全问题突出

在一些非公企业因厂房狭窄、设备陈旧、工艺落后、作业环境差，职业安全问题比较突出。一些女职工长期在有毒有害作业的环境中工作，尘、毒、噪音严重超标。特别是在橡胶、制鞋、化工、陶瓷、铸造、玩具等行业较为集中，存在严重的事故隐患。近年来因急性中毒、爆炸、火灾等造成多名女工死亡或致残的事件时有发生，还有一些企业安排女职工从事禁忌劳动，严重侵害了女职工的人身安全和健康。

（5）劳动保护标准与形势发展不相适应

随着我国市场经济体制的建立完善和科学技术的发展，劳动生产中出现了许多新材料、新物质，有些材料和物质成为威胁从事生产女职工安全健康的潜在危险，导致一些女职工流产、胎儿致畸或终身不育的情况时有发生。由于目前我国还没有专门机构对这些新材料、新物质是否会给女性生育机能带来危害，以及需要何种特殊防护进行研究，在一定程度上，女职工的特殊保护缺乏科学依据。

117. 当前女职工劳动保护产生问题的主要原因有哪些？

（1）性别歧视是造成对女职工劳动权利侵害的重要原因

由于女职工的生理特点需要在劳动过程中给予保护，特别是在其孕期、产期、哺乳期给予特殊保护，因而，加大了用人单位使用女职工的劳动力成本，使女性在竞争中处于劣势地位。这是一些企业不愿招用女工，或招工避开女性生育期、使用女职工“黄金年龄”段的重要原因之一。在用工制度改革后，规范的用人竞争机制尚未形成，在传统性别歧视的影响下，一些企业任意提高女性就业门槛，在减员时则将女性优先，严重侵害了女性的劳动就业权利。

（2）法制建设滞后制约着女职工劳动保护法律法规的落实

一是女职工劳动保护法律法规的修订完善滞后于形势发展，影响了法律法规发挥效力，特别是在违法惩治方面缺乏强有力的刚性措施和承担相应法律责任的规定，给一些违法者以可乘之机。二是执法和监督体系滞后，对违规处罚力度不够。目前政府有关部门和社会的监督管理制度尚不健全规范，对企业缺乏有效的制约机制。一方面行政执法部门人员不足，执法监察力量薄弱，不能对企业进行经常性的检查和监督，使有关法律不能落到实处；另一方面，在企业内部又缺乏监督制约机制和缺乏必要的监督手段，致使侵犯女职工权益的现象屡有发生。

（3）企业经营者法制观念淡薄，影响了法律法规的贯彻执行

在一些非公有制企业经营者素质偏低，对女职工劳动保护的重要性认识不足，在生产经营中急功近利，只考虑企业效益，漠视国家法律，不知法或不守法，逃避保障女职工特殊利益的法律责任。

（4）社会保障体系的不完善，影响和制约了女性就业和特殊利益的落实

随着我国社会经济的快速发展，尤其是新经济组织迅猛发展，1994年颁布的《企业职工生育保险试行办法》已滞后于形势的发展，覆盖面过窄，缺乏有效的强制性措施，待遇保障标准以及服务管理等方面与当前的形势发展不相适应。致使生育保险在实施中问题较多，影响了生育保险作用的发挥，企业不愿招用女工的问题仍未得到根本解决。随着《社会保险法》颁布实施，社会保障体系的逐步建立完善，相关问题将会逐步得到解决。

（5）女职工自我保护能力差，增加了女职工劳动保护法律法规落实的难度

一些女职工文化水平低，法律意识差，明知企业有违反法律法规的做法也不敢站出来说话。有的女职工因不了解国家对女职工特殊保护的政策和法律规定，怀孕后便主动辞职离岗。女职工的这种退避和妥协助长了一些企业经营者的违法行为，同时加大了女职工组织维权的难度。

118. 工会女职工组织应采取的对策措施有哪些？

女职工劳动保护是女职工权益保障中的重要内容。各级工会女职工组织要充分利用工会维护女职工合法权益和特殊利益的途径和手段，做好工会女职工劳动保护工作。同时，要配备专兼职女职工劳动保护工作的人员，负责女职工劳动保护工作的具体落实；监督协助行政根据国家

和地方政府有关女职工劳动保护规定，制定适合本单位情况的女职工劳动保护措施；监督行政把女职工劳动保护纳入生产管理中去；监督和协助行政按有关规定，建立和管理好妇幼保护设施；配合卫生部门，经常对女职工进行妇女卫生知识的宣传教育，建立定期普查、普治妇科病制度。

119. 职业因素对女性生理机能的影响有哪些?

研究不同产业、部门和各种职业劳动条件、工作环境对女职工健康的影响（噪音、有毒物质等），是女职工劳动保护工作的一项基础性工作。对于国家卫生标准及劳动法规的制定，避免或减少职业因素对母性机能及胎儿发育的危害，保护女职工的健康具有重要意义。

职业因素是指人在从事生产劳动过程中，由于职业特点所接触的工作环境及劳动过程中的各种因素，对劳动者肌体的机能状态和健康可能会产生一定的影响，这些因素称为职业因素。职业因素对女性肌体健康的影响主要有三种情况：

（1）对男女两性都有影响的，如噪声引起的耳聋、视力紧张引起的视力障碍等。

（2）对女性影响大于男性的，如女性皮肤较男性柔嫩，易遭受刺激性物质损伤，故女性的皮肤疾患会高于男性。

（3）对女性生殖机能的不良影响，如引起月经、妊娠等机能障碍，影响授乳机能或对胚胎及胎儿产生影响等。

女职工劳动保护研究的重点是第三种情况。据有关专家到目前为止的调查，对母性机能及胎儿发育可能有不良影响的有害职业因素有 28 种（苯、甲苯、二甲苯、汽油、二硫化碳、甲醛、四氯化碳、铅、锰、汞、铬、己内酰胺、氯乙烯、苯胺、乙二胺、乙氰、乙炔、乙烯、溴、氯、氰化物、三硝基甲苯、有机磷、氯丁二烯、噪声、高温、振动、高频电磁场）。这些有害职业因素超过国家卫生标准时，就有可能导致女性月经异常、自然流产、早产、畸胎或影响胎儿发育。

在上述有害职业因素中，对母性机能影响最大的有五种：铅及其化合物、汞及其化合物、二硫化碳、氯乙烯、噪声。

120. 有害女性生理机能的工作有哪些？

女性生理机能对环境因素的敏感性，构成了男女两性在从事生产过程中的差别，在安排女职工工作时要充分考虑这一点，不能安排女职工从事超过国家规定标准的有毒有害和禁忌从事的劳动。国务院颁发的《女职工劳动保护特别规定》附录的《女职工禁忌从事的劳动范围》中明确了有害女性生理机能的工作包括以下几类：

（1）特别繁重的体力劳动、有发生恶性意外事故危险的作业和单一体位作业的劳动

①重体力劳动。如井下作业、高空作业、石油钻探、森林采伐、装卸、搬运等。这些工种劳动强度过大，对女职工容易引起月经量过多、痛经、闭经、子宫脱垂等多种妇科疾病；对未成年女工可引起骨盆狭窄或扁平骨盆；对孕妇会引起流产、早产乃至影响胎儿的正常发育。同时禁忌女职工从事体力劳动强度分级标准中规定的第四级体力劳动强度的作业。另据有关专家测试证明：女工负重在10至20公斤时，子宫颈下降，停止负重后，恢复原位置。当每次负重超过20公斤时，会出现子宫下垂和移位，造成附件炎及早产发生率增高。为此，国家规定女职工每小时负重6次以上，每次负重不得超过20公斤作业，或者间断负重、每次负重不得超过25公斤作业。国际上限制在15至20公斤。

②单一体位作业。如连续长时间的立位、坐位、蹲位作业，可使女职工腹压增高，引起盆腔淤血以致月经不调、子宫低位等妇科疾病。

（2）有毒有害工种

如果防护不好，会损害女职工的生理机能，如月经失调（经量

多、经期长、痛经、闭经、早期绝经）、影响生育机能（影响受胎能力、引起早产、流产、分娩活动无力）、影响胎儿发育（致畸、致死）、影响授乳机能或毒化乳汁、影响乳儿健康成长。所以，有条件的企业最好不安排女职工从事有毒有害工种。已经从事允许范围内的有毒有害工种的女工，应做好相应的劳动保护工作；一经发现女工怀孕，应立即调离，直至婴儿断奶后再回原岗位；实行定期轮换作业，定期进行健康检查。

121. 女职工经期保护的主要内容有哪些?

月经是健康妇女正常的生理现象。月经来潮时，会使女性正常的生理防御能力相对减弱，作业能力有所下降，若不注意保护会引起妇科疾病。因此，做好经期保护很重要。

经期保护的主要内容有：

（1）禁忌从事冷水作业分级标准中规定的第二级、第三级、第四级冷水作业。国家标准冷水作业分级（GB/T14439）规定，操作人员接触冷水（属于身体局部受冷作业）温度等于或小于12℃的作业，称为冷水作业。冷水作业分级按操作人员实际接触的冷水温度和冷水作业时间率将冷水作业分为四级，级别越高表示冷强度越大。

（2）禁忌从事低温作业分级标准中规定的第二级、第三级、第四级低温作业。按照国家标准低温作业分级（GB/T14440）的规定，工作环境平均气温等于或低于5℃的作业，即属于低温作业。例如各类冷冻冷藏作业、寒冷季节野外（户外）作业等属于全身性受冷的作业。低温作业分级是指按工作地点的温度和低温作业时间率，将低温作业分为四级，级别越高冷强度越大。

（3）禁忌从事体力劳动强度分级标准中规定的第三级、第四级体力劳动强度的作业。月经期，由于子宫内膜脱落后使子宫腔形成伤面，需要一个修复过程，在此期间，女性的身体抵抗力比较差，不宜参加剧烈的运动和重体力劳动，以免引起经血过多，月经期延长，损害身体健康。而第三级和第四级体力劳动强度相当于重强度的体力劳动，月经期间应避免。同时，由于不同女性体质差异很大，月经期的保护因人而异，以女性自身主动保护为主。

（4）禁忌从事高处作业分级标准中规定的第三级、第四级高处作业。按照国家标准高处作业分级标准（GB3608－2008）规定，高处作业是指在距坠落高度基准面2米或2米以上的作业。高处作业多见于建筑、桥梁等施工等行业。

根据国家有关规定和企业的实际情况，一些企业建立了女职工卫生冲洗室，配有妇科治疗设备；有的企业还根据女职工从事工种的情况，规定女职工经期可享受1天休假，对女职工每月发放一定数额的卫生费或卫生用品等。

122. 女职工孕期保护的主要内容有哪些？

孕期主要指妇女从受孕到产出胎儿的一段时间，通常为280天。女工怀孕后，体内各系统负担加重，作业能力受到一定影响，因此，应对她们的工作进行合理安排，以保证孕妇健康及胎儿的正常发育。

《女职工劳动保护特别规定》对女职工孕期保护作出明确而具体的规定，主要内容有：一是用人单位不得因女职工怀孕降低其工资、予以辞退、与其解除劳动或者聘用合同。二是女职工在孕期不能适应原劳动的，用人单位应当根据医疗机构的证明，予以减轻劳动量或者安排其他能够适应的劳动。三是对怀孕7个月以上的女职工，用人单位不得延长劳动时间或者安排夜班劳动，并应当在劳动时间内安排一定的休息时间。四是怀孕女职工在劳动时间内进行产前检查，所需时间计入劳动时间。

此外，女职工在孕期禁忌从事的劳动范围：

（1）作业场所空气中铅及其化合物、汞及其化合物、苯、镉、铍、砷、氰化物、氮氧化物、一氧化碳、二硫化碳、氯、己内酰胺、氯丁二烯、氯乙烯、环氧乙烷、苯胺、甲醛等有毒物质浓度超过国家职业卫生标准的作业。

（2）从事抗癌药物、己烯雌酚生产，接触麻醉剂气体等的作业。

（3）非密封源放射性物质的操作，核事故与放射事故的应急处置。

（4）高处作业分级标准中规定的高处作业。

（5）冷水作业分级标准中规定的冷水作业。

（6）低温作业分级标准中规定的低温作业。

（7）高温作业分级标准中规定的第三级、第四级的作业。

（8）噪声作业分级标准中规定的第三级、第四级的作业。

（9）体力劳动强度分级标准中规定的第三级、第四级体力劳动强度的作业。

（10）在密闭空间、高压室作业或者潜水作业，伴有强烈振动的作业，或者需要频繁弯腰、攀高、下蹲的作业。

123. 女职工产期保护的主要内容有哪些？

产期包括产前和产后两个时期。分娩是一个生理变化过程。分娩后，需要将怀孕后生理机能的变化逐渐恢复过来，这段时期的保护尤为重要，这不仅关系女职工一生的健康，也关系婴幼儿的健康成长。

根据《女职工劳动保护特别规定》，女职工产假期间享有的待遇：一是用人单位不得因女职工生育降低其工资、予以辞退、与其解除劳动或者聘用合同。二是女职工生育享受98天产假，其中产前可以休假15天；难产的，增加产假15天；生育多胞胎的，每多生育1个婴儿，增加产假15天。三是女职工怀孕未满4个月流产的，享受15天产假；怀孕满4个月流产的，享受42天产假。四是女职工产假期间的生育津贴，对已经参加生育保险的，按照用人单位上年度职工月平均工资的标准由生育保险基金支付；对未参加生育保险的，按照女职工产假前工资的标准由用人单位支付。五是女职工生育或者流产的医疗费用，按照生育保险规定的项目和标准，对已经参加生育保险的，由生育保险基金支付；对未参加生育保险的，由用人单位支付。

124. 女职工哺乳期保护的主要内容有哪些?

哺乳期是指胎儿娩出后至婴儿满一周岁。进行哺乳期保护的目的，是保证哺乳女工有丰富的、质量较好的乳汁，按时哺育婴儿，使婴儿健康成长。

根据《女职工劳动保护特别规定》，哺乳期保护的主要内容有：一是用人单位不得因女职工哺乳降低其工资、予以辞退、与其解除劳动或者聘用合同。二是对哺乳未满 1 周岁婴儿的女职工，用人单位不得延长劳动时间或者安排夜班劳动。三是用人单位应当在每天的劳动时间内为哺乳期女职工安排 1 小时哺乳时间；女职工生育多胞胎的，每多哺乳 1 个婴儿每天增加 1 小时哺乳时间。四是女职工比较多的用人单位应当根据女职工的需要，建立女职工卫生室、哺乳室等设施，妥善解决女职工在生理卫生、哺乳方面的困难。

另外，女职工在哺乳期禁忌从事的劳动范围：

（1）作业场所空气中铅及其化合物、汞及其化合物、苯、镉、铍、砷、氰化物、氮氧化物、一氧化碳、二硫化碳、氯、己内酰胺、氯丁二烯、氯乙烯、环氧乙烷、苯胺、甲醛等有毒物质浓度超过国家职业卫生标准的作业。

（2）非密封源放射性物质的操作，核事故与放射事故的应急处置。

（3）体力劳动强度分级标准中规定的第三级、第四级体力劳动强度的作业。

（4）作业场所空气中锰、氟、溴、甲醇、有机磷化合物、有机氯化合物等有毒物质浓度超过国家职业卫生标准的作业。

125.《女职工劳动保护特别规定》颁布实施的重要意义是什么?

《女职工劳动保护特别规定》颁布实施的意义，可以概括为“一个体现和三个有利于”。

（1）突出了“一个体现”

体现了党和政府关心爱护女职工的一贯政策。改革开放以来，我们国家制定了一系列保护妇女的法规政策，形成了比较完善的女职工劳动保护法律体系。

1979年由卫生部、国家建委、国家计委、国家经委、国家劳动总局批准实行的《工业企业设计卫生标准》中，对女职工浴室、生活用室、女工卫生室及乳儿托儿所的设置作出了明确规定。

1988年7月，国务院9号令颁发了《女职工劳动保护规定》。该法规是新中国成立30多年来第一部综合性的女职工劳动保护的专门法规，对女职工在生产劳动过程中的保护作了明确规定，对于减少和解决女职工在劳动中因生理特点造成的特殊困难，保护女职工身心健康具有重要作用。

1988年原劳动部以劳险字〔1988〕2号下发的《关于女职工生育待遇若干问题的通知》，对女职工流产、怀孕检查和分娩的有关费用的支出渠道、超过产假期间的待遇等问题作了明确规定。

1989年原劳动部以劳安字〔1989〕1号下发的《关于印发〈女职工劳动保护规定问题解答〉的通知》，对《女职工劳动保护规定》实施后，一些单位反映的带有普遍性的问题给予了解答，对于更好地贯彻《女职工劳动保护规定》起到了推动作用。

1990年原劳动部以劳安字〔1990〕2号下发的《女职工禁忌劳动范围的规定》，对女职工及处于经期、已婚待孕、怀孕、哺乳期禁忌从事的劳动范围都作了具体而明确的规定。

2008年，鉴于《女职工劳动保护规定》是在计划经济体制下制定的，已不适应当前我国经济发展的需要，一些条款已过时，落实起来有难度，因此启动了重新修订工作。

2012年，在党和政府的高度重视、国务院法制办的积极努力及各部委的共同参与、工会等群团组织的积极配合和推动下，《女职工劳动保护特别规定》于当年4月18日经国务院第200次常务会议通过，并于4月28日以中华人民共和国第619号国务院令的形式颁布实施。

（2）努力实现“三个有利于”

一是有利于女职工和下一代的身心健康。女职工不仅担负着参与国家经济社会建设的重任，还承担着人类自身繁衍的社会责任。孕期和哺乳期的女职工劳动环境如何，直接影响着胎儿的正常发育和婴幼儿的健康成长。加强对女职工劳动过程的特殊保护，对于女职工的身心健康和下一代的健康成长，对于提高中华民族整体素质都具有重大现实意义。

二是有利于保护和调动女职工的积极性。女职工是工人阶级的重要组成部分，是推动我国经济社会发展不可或缺的重要力量。《女职工劳动保护特别规定》的颁布实施，有利于保护女职工的劳动能力，促进妇女平等就业，对于进一步激发女职工参与经济建设的积极性和创造性，促进劳动生产率的提高具有积极的推动作用。如果女职工在遇到困难的“四期”的时候，党和政府、社会及单位都尊重她、爱护她，共同帮助她渡过这个难关的话，她会用更大的努力，来回报大家给予她的关怀和照顾。

三是有利于促进劳动关系和谐与社会稳定。劳动关系和谐是社会稳定的基础。我们国家正在进行深刻的大规模的调整，实现劳动关系的和谐与稳定对于构建和谐社会有着极其重要的意义。所以，和谐稳定的劳动关系是企业和职工的共同愿望，也是社会繁荣稳定的“晴雨表”和“风向标”。贯彻落实《女职工劳动保护特别规定》，促使企业改善女职工劳动安全卫生条件，既可增强职工对企业的认同感和归属感，又可解除女职工的后顾之忧，有利于构建和谐劳动关系，促进社会和谐稳定。

126.《女职工劳动保护特别规定》有哪些特点？

《女职工劳动保护特别规定》正文16条，附录4条，涵盖了女职工“四期”保护、生育待遇、禁忌劳动范围、法律责任等相关内容。与1988年出台的《女职工劳动保护规定》相比，主要体现了以下几个突出特点：

（1）连续性

《女职工劳动保护规定》从现实出发，在保持规定原有基本框架和主要内容基础上进行适当修改和完善，体现国家保护女职工的法律法规的连续性。

（2）适时性

《女职工劳动保护规定》既符合中国国情和现实发展的需要，又注重与国际相关公约的逐步接轨，既加强了对女职工的劳动保护，又实事求是地考虑到企业，特别是中小企业的承受能力和对女职工的就业保护，体现了女职工劳动保护与促进妇女就业相平衡的原则，这个原则是在整个修法的过程中始终坚持和把握的原则。

（3）可发展性

随着经济社会发展，以及新技术、新材料、新设备的广泛应用，女职工的禁忌劳动范围也会随之进行调整，为了避免因调整禁忌范围导致《女职工劳动保护特别规定》的频繁修订，这次把禁忌劳动范围变为附录，为政府有关部门适时的修改禁忌劳动范围提供了空间。

（4）可操作性

《女职工劳动保护特别规定》加大了刚性力度，进一步明确了法律责任、监督责任和罚责，对县级以上安监部门、人力资源和社会保障部门依据有关法律、行政法规对用人单位如何进行处罚、依法给予赔偿予以明确，有利于各相关部门依照责任分工操作和执行，对用人单位的行为进行约束和监督。

127.《女职工劳动保护特别规定》在内容上做了哪些调整?

《女职工劳动保护特别规定》主要从以下几方面进行了调整：

（1）扩大了适用范围

《女职工劳动保护特别规定》的适用范围，保留原有的国家机关、人民团体、企事业单位，增加了个体经济组织以及其他社会组织等单位和个人，覆盖了所有用人单位及女职工，包括女农民工。

（2）调整了禁忌劳动范围

将女职工禁忌劳动范围纳入《特别规定》，放在附录中加以列示。把原劳动部1990年制定的《女职工禁忌劳动范围的规定》由部颁规章提高到行政法规层次，并从实际出发对禁忌劳动范围作了适当调整，主要包括：加强了对女职工孕期和哺乳期的保护，扩大了其禁忌从事的范围；与《劳动法》接轨，删去了已婚待孕期禁忌劳动范围；为促进妇女就业，缩小了经期禁忌劳动范围。

（3）规范了产假待遇

实现产假与国际劳工组织《2000年保护生育公约（修订)》（第183号公约）的接轨，从90天延长至98天（14周），并适用于所有生育女职工；参照原劳动部《关于女职工生育待遇若干问题的通知》标准，将女职工流产产假纳入《女职工劳动保护特别规定》予以明确；对女职工产假期间待遇、生育或流产医疗费用的支付标准、支付单位做出明确规定，特别是对是否参加生育保险女职工产假期间待遇和相关费用支出分别作出规定，明确了支付途径。这对承认女职工生育的社会价值、促进用人单位参加生育保险将起到积极作用。

（4）完善了监督管理体制

依据机构改革监督管理体制的新变化，以及2011年新修订的《职业病防治法》对职业安全卫生管理体制的新调整，对监督管理部门的权责做了相应调整和完善，明确了执法主体，规定县级以上人民政府人力资源社会保障行政部门、安全生产监督管理部门按照各自职责，负责对用人单位遵守《女职工劳动保护特别规定》的情况进行监督检查。

（5）强化了用人单位的责任义务

规定了用人单位应当采取措施改善女职工劳动安全卫生条件，对女职工开展劳动安全卫生知识培训，遵守女职工禁忌劳动范围规定，以及要将本单位属于女职工禁忌劳动范围岗位书面告知女职工；明确了对用人单位违反《女职工劳动保护特别规定》行为的处罚规定。这对增强用人单位的执法意识，自觉做好女职工劳动保护工作是有力的推动。此外，依据《妇女权益保障法》，《女职工劳动保护特别规定》还增加了在劳动场所，用人单位应当预防和制止对女职工的性骚扰，有利于从源头上防止对女职工的侵害。

128.《女职工劳动保护特别规定》如何强化了对女职工精神方面的保护？

《女职工劳动保护特别规定》不仅关注女职工身体和生理的劳动保护，而且增加了对女职工精神和心理方面的保护条款，强调“在劳动场所，用人单位应当预防和制止对女职工的性骚扰”。这一条款的规定，既填补了国家性骚扰立法的一项空白，有利于实现新《中国妇女发展纲要》确立的反性骚扰目标，也为地方立法和司法解释的细化奠定了基础。

性骚扰是性歧视的一种形式，大多发生在公共场所也包括工作场所，而且以女性为最主要的群体，它给受害者带来一系列负面影响，包括身体和心理伤害，也会为今后生活埋下阴影，已经成为当今社会不容忽视的社会问题。《妇女权益保障法》在2005年重新修订时就明确加上了这样一条，“反对对女性的性骚扰”。这一次写进了《女职工劳动保护特别规定》，提到了在工作场所当中要预防和制止对女职工的性骚扰，实际上这是对《妇女权益保障法》当中反对性骚扰的进一步具体化和深化。

129. 各级工会组织如何贯彻落实《女职工劳动保护特别规定》?

（1）加大源头参与和监督检查力度

积极联合人社局、妇联等部门，对《女职工劳动保护特别规定》的实施深入开展调查研究，完善工会女职工劳动保护监督网络和监督检查机制，加强与人大、人社、卫生、安监等政府部门的合作，加大对用人单位的监督检查力度，切实加强女职工劳动保护，引导女职工增强法制观念，理性表达利益诉求，依法维护自身权益。

（2）推进“两个覆盖”

加强维权机制建设，把推进已建工会组织的企业实现女职工组织全覆盖、签订女职工权益保护专项集体合同全覆盖与宣传贯彻《女职工劳动保护特别规定》紧密结合起来，将女职工特殊保护内容纳入集体合同协商范围，积极推动企业将女职工特殊权益，特别是平等就业、同工同酬、禁忌劳动、“四期”保护等纳入集体合同协商内容，加大集体合同签订推进力度，努力实现哪里有工会组织，哪里就要签订集体合同，哪里就有女职工的特别劳动保护。

（3）依托服务平台，深化“关爱行动”

进一步发挥县乡两级困难职工帮扶网络作用，以困难女职工和女农民工为服务重点，继续开展困难救助、子女助学、“两癌”普查、心理关怀等行动，为他们送法律、送技能、送健康、送关爱，力求惠及女职工面更宽、人数更多、效果更好。

【范例】

深入贯彻落实《女职工劳动保护特别规定》 切实维护女职工合法权益和特殊利益

为了更好地维护女职工的合法权益和特殊利益，保护女职工在劳动中的安全与健康，调动和提高女职工参与经济和社会发展建设的积极性、创造性，构建和谐劳动关系，近日，石家庄市总工会与市人社局、安监局、工信局、卫生计生委等五部门联合下发了《关于深入贯彻落实〈女职工劳动保护特别规定〉的意见》，重点提出六个方面的要求：

一是要做好劳动合同的签订和管理工作。工会组织要教育和引导女职工增强签订劳动合同的主动性，监督指导用人单位与女职工签订权责明确合法的劳动合同。各级人力资源社会保障部门要加强劳动合同管理，实施劳动用工备案制度，规范企业女职工的劳动关系的建立、终止和解除行为。依法纠正在合同期限、劳动权益、解除条件等方面侵害女职工利益的约定和条款。劳动合同应明确规定女职工的“四期”保护及各项劳动保障权益，凡适合女性从事劳动的单位，不得拒绝招收女性。

二是要健全完善女职工权益保护专项集体合同机制。进一步规范女职工专项集体合同的签订和履约工作。要将《特别规定》内容纳入到女职工专项集体合同中。要依托联席会议制度、三方协商机制、企业职工代表大会制度，完善女职工专项集体合同机制，推动建立完善女职工“四期”保护共决机制、福利待遇保障机制。要进一步扩大女职工专项集体合同的覆盖面和受益面，增强女职工专项集体合同的实效性，实行女职工专项集体合同履约责任制，将女职工专项集体合同条款逐条分解，纳入企业职能部门和工会目标责任制统一考核，建立健全女职工专项集体合同履约检查制度和向职代会报告制度。

三是要加强女职工安全生产和职业健康工作。企业应做到“三告知”，即要将本单位属于女职工禁忌从事的劳动范围的岗位、职业病危害和企业防范措施告知女职工；要把安全生产和职业健康相关知识纳入女职工职业技能教育培训内容；在女职工相对集中和职业安全隐患高危行业，开展安全隐患排查活动，保障女职工生命安全和生育健康。对接触职业病危害的女职工开展职业健康检查、建立健康档案，不断改善女职工工作环境。要严格按照国家标准，按时、保质保量发放劳保用品和津贴补贴；加强女职工保健工作，每年进行一次妇科疾病检查。在劳动场所，用人单位应当预防和制止对女职工的性骚扰。

四是要扩大女职工社会保险覆盖面。督导用人单位按国家有关法律法规，积极为女职工办理养老、失业、工伤、医疗和生育保险。女职工产假期间的生育津贴，对已经参加生育保险的，由生育保险基金按规定支付，未参加生育保险的，按照女职工产假前工资的标准由用人单位支付；充分利用各项社会保险经办管理资源，增强对女职工的社会保险服务能力。

要积极推进“爱心妈妈小屋”建设。在女职工人数较多、条件较成熟的企事业单位、经济园区、商务楼宇和商场等公共场所，建立“爱心妈妈小屋”，作为孕妇休息室和哺乳室，为孕期、哺乳期的女性提供一个干净、舒适、安全的休息场所。各级工会要深化女职工关爱行动，全面推进“爱心妈妈小屋”建设。2015 年内全市要建立 100 个“爱心妈妈小屋”，3～5 年内在全市有需求、有条件的单位全面推进“爱心妈妈小屋”建设。

意见要求要营造落实《特别规定》的良好氛围，深入宣传《劳动法》《妇女权益保障法》《特别规定》等相关法律法规，推动女职工权益保护法律法规政策体系的不断完善，不断健全女职工维权监督制约机制，构建专业督查和群众性检查多层次、广覆盖的女职工维权工作网络，形成依法监督、协同推进、群众参与的工作格局。各有关部门要联合成立检查组每年开展一次维护女职工合法权益的专项检查活动。市总工会今年在全市建立了百人的女职工法律维权监督员队伍，推动女职工权益保障各项法律法规在基层的落实。

石家庄市总工会女职工部

2015 年 2 月 25 日

七 推行女职工权益保护专项集体合同

130. 什么是集体合同？

集体合同工作涉及集体协商、平等协商、集体谈判和集体合同等概念，这些概念既有区别又有联系。

集体协商是指职工一方与用人单位之间依法就劳动报酬、工作时间、休息休假、劳动安全卫生、保险福利、职工培训、劳动纪律以及劳动定额管理等直接涉及劳动者切身利益的规章制度或者重大事项，为达成一致意见而进行商谈交涉的行为。

集体合同是指职工一方与用人单位之间依法就劳动报酬、工作时间、休息休假、劳动安全卫生、保险福利、职工培训、劳动纪律以及劳动定额管理等直接涉及劳动者切身利益的规章制度或者重大事项，在平等协商一致的基础上签订的书面协议。

131. 什么是女职工权益保护专项集体合同？

女职工权益保护专项集体合同，是用人单位根据国家保护女职工的法律、法规和规章，就女职工合法权益和特殊利益方面的内容通过集体协商签订的专项协议，从法律角度进一步保护女职工在劳动关系中的合法权益和特殊利益，实现了用法律文本的形式规范用人单位的劳动用工行为。它是平等协商集体合同制度的重要组成部分，是工会女职工组织维护女职工合法权益的重要载体和手段。

132. 集体合同与劳动合同制度的区别是什么？

集体合同与劳动合同的主要区别有以下几点：

（1）当事人不同

劳动合同当事人为单个劳动者和用人单位；集体合同当事人为劳动者团体和用人单位或其团体，故又称团体协约或团体合同。

（2）目的不同

订立劳动合同的主要目的是确立劳动关系；订立集体合同的主要目的，是为确立劳动关系设定具体标准，即在其效力范围内规范劳动关系。

（3）内容不同

劳动合同以单个劳动者的权利和义务为内容，一般包括劳动关系的各个方面；集体合同以集体劳动关系中全体劳动者的共同权利和义务为内容，可能涉及劳动关系的各个方面，也可能只涉及劳动关系的某个方面。

（4）形式不同

劳动合同在有的国家为要式合同，在有的国家则要式合同与非要式合同并存；集体合同一般为要式合同。

（5）效力不同

劳动合同对单个的用人单位和劳动者有法律效力；集体合同对签订合同的单个用人单位或用人单位所代表的全体用人单位，以及工会和工会所代表的全体劳动者，都有法律效力。并且，集体合同的效力一般高于劳动合同的效力。此外，它们在签订程序和适用范围等方面也有所不同。

133. 推行女职工权益保护专项集体合同工作的重要性是什么？

女职工权益保护专项集体合同是集体合同的重要组成部分，是推行平等协商和签订集体合同工作的深化和延伸，它提高了集体合同的针对性和实效性。女职工由于生理特点和承担人类再生产的特殊使命，其合法权益和特殊利益理应受到国家法律法规和用人单位的保护，但是一些用人单位为了追求利益的最大化，无视国家保护女职工的法律法规，使女职工的合法权益和特殊利益难以得到保障，特别是近十几年来，在一些企业特别是中小非公企业，存在着劳动关系不协调、女职工劳动权益受到侵害、影响女职工队伍稳定等一些不容忽视的问题。

工会女职工组织作为女职工权益的代表者和维护者，在妥善协调各方面利益关系、构建和谐稳定的劳动关系中负有重要责任。因此，在企业建立平等协商、签订女职工权益保护专项集体合同制度，成为工会及其女职工组织维护女职工权益的必然选择。近年来，通过各级工会组织的实践证明，推行女职工权益保护专项集体合同对于推动国家保护女职工法律法规的贯彻落实，促进企业劳动关系的和谐，保护女职工的合法权益和特殊利益，调动女职工参与改革和建设的积极性，推动工会女职工维权机制创新和完善，增强基层工会女职工组织的吸引力和凝聚力，具有重要的意义。

134. 推行女职工权益保护专项集体合同工作的指导思想是什么？

推行女职工权益保护专项集体合同工作要以邓小平理论、“三个代表”重要思想、科学发展观为指导，认真学习贯彻党的十八大精神和习近平总书记系列重要讲话精神，坚持走中国特色社会主义工会发展道路，完善女职工工作维权机制，不断扩大工会女职工工作的覆盖面，增强工会女职工组织的凝聚力，推动建立和谐稳定的社会主义新型劳动关系，更好地实现和保障广大女职工的合法权益，团结动员广大女职工在构建社会主义和谐社会、全面实现建设小康社会宏伟目标中发挥积极作用。

135. 推行女职工权益保护专项集体合同的工作目标是什么?

工会女职工组织要将女职工权益保护专项集体合同工作与平等协商和集体合同工作同步推进。凡应建立工会女职工组织并签订了集体合同的单位，都要积极推行女职工权益保护专项集体合同工作。尚未建立集体合同制度的单位，应当围绕本地区、本行业、本单位中女职工权益保护的突出问题进行平等协商，签订女职工权益保护专项集体合同。当前，非公有制企业特别是中小型非公有制企业是推行这项工作的重点。在非公有制小企业比较集中的乡镇（街道）、村（社区)，要大力推行区域性女职工权益保护专项集体合同。纺织、服装、餐饮等女职工相对集中的行业，应通过签订行业性女职工权益保护专项集体合同，确定女职工权益保护的行业标准和具体内容。

136. 推行女职工权益保护专项集体合同工作的主要措施是什么?

（1）加强领导，整合力量，合力推进女职工权益保护专项集体合同工作

要将推进女职工权益保护专项集体合同工作融入工会工作全局，纳入女职工整体工作规划和部署。要结合集体合同工作的总体安排进行研究，并作为深化集体合同工作的重要措施提出要求，建立目标责任考核制度，采取相应的激励措施，积极稳妥推进。要以贯彻落实《企业工会工作条例（试行)》为契机，并将女职工权益保护专项集体合同的协商、签约、履约和监督检查工作，作为创建劳动关系和谐企业活动的重要内容。各级工会要积极争取党政部门的重视和支持，进一步整合工会

内外资源，依托劳动关系三方协商机制，优化协商环境，形成协同推进的工作态势。

（2）从实际出发，加强对女职工权益保护专项集体合同的分类指导

在推行女职工权益保护专项集体合同工作中，各级工会及工会女职工组织要加强对基层工作的指导，为基层开展工作提供服务和帮助。要根据不同地区、不同行业及不同类型用人单位的实际，有针对性地就女职工权益保护中的突出问题开展平等协商。在协商过程中力求重点突出，议题集中，措施可行。女职工权益保护专项集体合同的条款要具体，标准要量化，切实增强女职工权益保护专项集体合同工作的针对性、实效性和可操作性。

（3）加强宣传培训工作，营造推进女职工权益保护专项集体合同工作的良好氛围

各级工会组织要广泛宣传国家有关劳动法律法规和政策规定，宣传推行女职工权益保护专项集体合同工作的重要性和必要性，统一思想，达成共识。加强培训，通过培训使工会干部及工会女职工工作干部熟悉相关法律法规和政策，掌握平等协商和签订女职工权益保护专项集体合同的基本知识、协商要领及技巧，确保女职工权益保护专项集体合同工作规范有序、顺利开展和工作目标的实现。

（4）建立监督检查机制，将女职工权益保护专项集体合同工作落到实处

各级工会及工会女职工组织要积极借助社会力量，并充分发挥工会各职能部门作用，建立女职工权益保护专项集体合同工作监督检查机制。基层工会及工会女职工组织要加强与用人单位的沟通和协调，督促其认真履行女职工权益保护专项集体合同。对于用人单位违反女职工权益保护专项集体合同条款的行为，工会应依法要求其整改。要将履约情况纳入到用人单位向职代会报告的事项中。通过监督检查，确保女职工权益保护专项集体合同工作的有效实施。

（5）总结经验，推动女职工权益保护专项集体合同工作的深入开展

各级工会及工会女职工组织要建立健全工作机制，在推行女职工权益保护专项集体合同工作中明确任务，落实责任，积极探索，勇于实践。要及时了解情况，总结推广典型经验，注意研究解决协商、签订和履行女职工权益保护专项集体合同工作中的问题。要不断扩大女职工权益保护专项集体合同的覆盖面，推动女职工权益保护专项集体合同工作的深化与完善，切实维护女职工的合法权益和特殊利益。

137. 签订女职工权益保护专项集体合同的作用有哪些？

（1）签订女职工权益保护专项集体合同有助于增强双方的法律意识

作为企业经营者来讲，他们会担心女职工权益保护专项集体合同的签订会给他们的利益带来损害，这可以通过工会代表女职工给企业经营者宣传《劳动法》《集体合同条例》《女职工劳动保护特别规定》等法律法规，一方面让他们了解签订专项集体合同是国家的强制性规定，另一方面向他们宣传签订专项集体合同的意义和给企业带来的好处，从而提高企业经营者对签订女职工权益保护专项集体合同的认识。在这个过程中，工会干部也会逐步认识到女职工权益保护专项集体合同是对集体合同的补充和完善，广大女职工也会逐渐明了签订专项集体合同是依法维护她们特殊权益、从机制上规范企业行为的有力举措。

（2）签订女职工权益保护专项集体合同有助于使女职工特殊权益更加具体

当前在某些用人单位依然存在着性别歧视、就业歧规、分配歧规等。由此，在劳动合同中单个女职工处于弱势而不足以同用人单位相抗

衡，因而难以争取到公平合理的劳动条件。由工会代表全体女职工同用人单位签订专项集体合同，规定女职工集体劳动条件，而女职工集体劳动条件是本单位内的最低个人劳动条件。因此，专项集体合同能够纠正和防止劳动合同对于女职工的不公平，使劳资双方的权利、义务取得基本的平衡。同时，由于劳动关系的内容涉及方方面面，如果事无巨细均由劳动合同规定，那么每份劳动合同都将成为一本具有相当篇幅的小册子，订立一份劳动合同将成为一件很不容易的事情。通过专项集体合同对劳动关系的内容进行全面规定之后，劳动合同只需就单个女职工的特殊情况作出规定即可，这样就会大大简化劳动合同的内容，也会大大降低签订劳动合同的成本。由于专项集体合同具有上述作用，所以被认为是劳动合同的“母合同”。

总之，通过推行专项集体合同制度，可以从整体上维护女职工的劳动权益，更好地保护女职工的合法权益，调动女职工生产劳动的积极性、主动性和创造性，实现《劳动法》维护职工合法权益的根本立法宗旨，体现社会主义市场经济制度的优越性。

（3）签订女职工权益保护专项集体合同有助于劳资关系更加和谐

通过推行专项集体合同制度，使劳动关系的调整除在国家劳动法律法规的调整中进行，还可以在专项集体合同的这一层次中进行调整，实现对劳动关系的多方位、多层次调整。专项集体合同对劳动关系的调整，同一般的劳动法律法规相比针对性比较强，因而有利于消除或弥补一般集体合同存在的某些局限性，给劳动关系的调整提供一种新机制，从而使劳动关系更和谐、更稳定、更巩固，有利于职工和企业之间的沟通和理解，有利于维护和发展企业生产经营的良好秩序，促进企业的稳定和发展。

同时通过签订女职工权益保护专项集体合同，使女职工与企业双方都明白了各自履行的职责与义务，企业如能认真履行女职工权益保护专项集体合同，会使女职工更加愉快的工作，为用人单位创造更高的价值，而女职工通过努力工作，也会获取更好的报酬与更大的利益，通过签订和履行女职工权益保护专项集体合同达到彼此默契，使劳资双方关系更加融洽、和谐。

（4）签订女职工权益保护专项集体合同有助于增强女职工对工会组织的信赖感

在某些单位因工会的不作为，在职工眼中只是摆设，特别是在非公企业中，职工对工会及其工作颇多微词，工会代表女职工与用人单位签订女职工权益保护专项集体合同，并在实际工作中监督其履行，就会增强女职工对工会组织的信赖，有利于更好地发挥工会在稳定企业劳动关系中的积极作用，使工会协调劳动关系和维护女职工劳动权益的职能发挥得更直接、更生动、更有效，使工会的“维权”职能实现法制化。

总之，推行女职工权益保护专项集体合同工作，对于维护女职工在政治、经济、文化、社会、发展等方面的合法权利，调动女职工促进用人单位经济发展，建立和谐稳定的新型劳动关系具有十分重要的意义。使之成为推进和完善集体合同制度的重要组成部分，成为维护女职工合法权益和特殊利益的重要机制和手段。

138. 为什么说推行女职工专项集体合同是维护女职工合法权益和特殊利益的现实需要？

虽然我国《劳动法》和相关法律法规对保障女职工合法权益作出了许多明确的规定，如女职工享有与男职工平等的劳动权、实行同工同酬等，但在现实工作中，女职工的许多合法权益和特殊利益并未得到切实保障：

（1）就业（性别）存在歧视

有些用人单位为降低社会成本，采取限制条款或通过面试等方式限制女职工到本企业工作。有的企业在招工时故意避开女工生育年龄段，还有一些用人单位在招工中存在用男不用女，用小（年龄）不用大，招工时用青春期等。甚至一些企业肆意提高女性就业门槛，把招工变成“选美”，有的企业在招工时避开生育期使用女职工的“黄金年龄”段；减员中女性优先，且年龄提前于男性，有的劳动合同中公然出现不允许女职工怀孕的条款。

（2）“四期”得不到保护

在一些企业中，存在女职工的经期、孕期、生育和哺乳“四期”保护得不到落实的现象。有的女职工经期仍从事高空、低温、冷水作业和三级、四级体力劳动强度的劳动；部分企业的女职工怀孕 7 个月以上仍上夜班。有的企业则在合同上规定女职工在聘用期间不得怀孕生育。在产假待遇上，一些企业因效益不好未参加生育保险，也无力按《女职工劳动保护特别规定》落实生育待遇。而大多数非公有制企业不参加生育保险，也不执行《女职工劳动保护特别规定》，女职工产假工资无保障、生育费用得不到报销。

（3）健康保健不能得到有效保护

女职工妇科病定期检查在有些企业落实困难。部分企业因经济困难，不能定期进行妇科病检查，甚至取消了检查。非公有制企业大多数不给女职工进行妇科病检查。有的企业虽与职工签订劳动合同，但没有女职工特殊保护及社会保险内容。

（4）产假待遇不落实，特殊劳动保护权益难维护

一是产假时间达不到法定标准。二是产假工资减发直至不发现象十分普遍。特别是由于很多企业实行的是计件工资制，不设基本工资，致使休产假的女工连最低工资也拿不到。三是产前检查费和生育费报销难。

（5）女职工劳动卫生、职业安全问题突出

女职工休息休假权利得不到保护，加班加点超工时现象在有些企业普遍存在，且不能按规定支付加班工资，以服装、鞋业、餐饮等服务业最为突出。据调查，有的女职工人均周劳动时间为 76 小时，甚至长达 90 小时。更严重的是，因企业实行计件工资，一部分处于孕期、哺乳

期的女职工也要加班加点。在橡胶、制鞋、化工、陶瓷、铸造、玩具等行业，女职工长期在有毒有害作业的环境中工作，尘、毒、噪音严重超标。一些劳动密集和规模较小的企业设备陈旧、工艺落后、作业环境差、存在严重的事故隐患。一些劳动密集和规模较小的企业设备陈旧、工艺落后、作业环境差，企业既不为女职工提供防护用品，又不按规定组织女职工进行体检。

（6）政治权利得不到保障

国家历来提倡培养和选拔女干部，但现实中有些执行部门对女干部存在偏见，重男轻女，目前在领导班子成员的配备中，女性的任职“三多三少”仍然普遍存在，即虚职多、实职少，副职多、正职少，党务部门多、经济部门少。有些人认为，女干部只是一种陪衬、一种摆设，起不了多大作用；不少女干部由于职务级别较低，数量又处于劣势，在决策中，往往处于较被动的地位，难以发挥重要作用。

139. 女职工的劳动权利有哪些？

女职工的劳动权利包括：劳动就业、同工同酬、休息休假、保险福利待遇等。

（1）劳动就业的规定，主要是指用人单位在公开招聘岗位时，除不适合女职工的工种或者岗位外，不得以性别为由拒绝录用女职工或者提高对女职工的录用标准；

（2）同工同酬的规定，主要是指用人单位在提职、晋级、评定专业技术职称和享受其他福利方面，应当坚持男女平等、同工同酬；

（3）休息休假的规定，主要是指女职工周休假、年休假、病事假、生理病假和产假、婚丧假、探亲假、职工带薪休假、奖励假期等各类假日的期限、休假办法、休假待遇等项内容的约定，其中还应包括实施国家规定的劳动者休息休假制度的规定。

140. 女职工有哪些特殊权益？

女职工的特殊权益主要包括女职工禁忌劳动保护、“四期”保护、妇科疾病普查、生育待遇等。

此项女职工权益保护专项集体合同的内容，首先要规定用人单位应严格执行国家有关对女职工实行特殊劳动保护的有关法律、法规和政策规定；其次，应依法逐项条款对女职工在经期、孕期、产期和哺乳期给予特殊保护进行规定。

（1）禁止安排经期的女职工从事高处、低温、冷水作业和国家规定的第三级、第四级体力劳动强度作业；暂时调整安排其他工作。

（2）女职工在孕期不能适应原劳动的，用人单位应当根据医疗机构的证明，予以减轻劳动量或者安排其他能够适应的劳动。对怀孕 7 个月以上的女职工，用人单位不得延长劳动时间或者安排夜班劳动，并应当在劳动时间内安排一定的休息时间。怀孕女职工在劳动时间内进行产前检查，所需时间计入劳动时间。

（3）女职工生育享受 98 天产假，其中产前可以休假 15 天；难产的，增加产假 15 天；生育多胞胎的，每多生育 1 个婴儿，增加产假 15 天。女职工怀孕未满 4 个月流产的，享受 15 天产假；怀孕满 4 个月流产的，享受 42 天产假。女职工产假期间的生育津贴，对已经参加生育保险的，按照用人单位上年度职工月平均工资的标准由生育保险基金支付；对未参加生育保险的，按照女职工产假前工资的标准由用人单位支付。女职工生育或者流产的医疗费用，按照生育保险规定的项目和标准，对已经参加生育保险的，由生育保险基金支付；对未参加生育保险的，由用人单位支付。

（4）对哺乳未满 1 周岁婴儿的女职工，用人单位不得延长劳动时间或者安排夜班劳动。用人单位应当在每天的劳动时间内为哺乳期女职工安排 1 小时哺乳时间；女职工生育多胞胎的，每多哺乳 1 个婴儿每天增加1小时哺乳时间。女职工比较多的用人单位应当根据女职工的需要，建立女职工卫生室、孕妇休息室、哺乳室等设施，妥善解决女职工在生理卫生、哺乳方面的困难。

141. 女职工有哪些政治、文化、教育、发展权利？

女职工的政治、文化、教育、发展权利主要包括职业教育、技术培训、晋职晋级、参与企业民主管理等。要保障女职工的政治、文化、教育、发展权利，企业应做好以下方面的工作：

（1）逐步提高企业职工代表大会和工会会员代表大会中的女代表比例，其比例数与女职工所占全体职工的比例相适应。

（2）企业在制定及修改涉及女职工权益的规章制度、签订女职工专项集体合同时，要有一定数量的女职工代表参与平等协商的全过程，依法保障女职工的合法权益和特殊利益。

（3）企业要支持工会开展提高女职工技能素质的活动，给予必要的活动经费保证。如果活动占用工作（生产）时间，在不影响生产的前提下，企业应给予支持。

（4）企业要注重对女性人才的培养和使用，在组织职工外出进修、业务学习、岗位培训、出国考察、挂职锻炼时必须考虑有一定比例的女职工参加。

142. 女职工权益保护专项集体合同的其他内容有哪些？

女职工权益保护专项集体合同的其他内容主要包括以下几个方面：

（1）女职工权益保护专项集体合同的期限；

（2）变更、解除女职工权益保护专项集体合同的程序；

（3）女职工权益保护专项集体合同的管理和监督；

（4）女职工权益保护专项集体合同发生争议时的协商处理办法；

（5）违反女职工权益保护专项集体合同的责任。

143. 签订女职工权益保护专项集体合同有哪些程序？

女职工权益保护专项集体合同工作的程序，应按照平等协商和签订集体合同的法定程序进行，大致分为以下阶段：

（1）协商准备阶段；

（2）协商签约阶段；

（3）报送与审查阶段；

（4）履约及监督检查阶段。

144. 协商准备阶段需做好哪些工作？

（1）推举双方协商代表和首席代表

已建立集体合同制度的单位，女职工一方的协商代表、首席代表与集体合同协商代表、首席代表一致。未建立集体合同制度的单位，女职工一方的协商代表由本单位工会选派，首席代表由本单位工会主席担任，工会主席可以书面委托工会女职工委员会主任担任首席代表。工会主席、工会女职工委员会主任空缺的，首席代表由工会主要负责人担任。

未建立工会组织的单位，女职工一方的协商代表由本单位女职工民主推荐，并经本单位半数以上女职工同意，首席代表从协商代表中民主推举产生。用人单位一方的协商代表，由用人单位法定代表人指派，首席代表一般由单位法定代表人担任，特殊情况下可由其书面委托的其他管理人员担任。

协商双方的代表人数对等，一般为 3 至 10 人，并各自确定一名首席代表。协商双方的代表产生后，应当在集体协商前在本单位公布。协商双方均可以更换本方的协商代表。协商代表的更换应当按照代表产生的程序进行。

（2）开展专项培训

根据女职工权益保护专项集体合同工作需要，对职工协商代表开展有针对性的培训，培训内容和要求如下：学习并掌握国家有关女职工权益保护的法律、法规和规章规定；学习并掌握与集体协商有关的本单位女职工权益保护情况和资料；真实反映本方意愿，维护女职工合法利益；接受本方人员质询，及时向本方人员公布协商情况并征求意见；监督集体合同的履行。

145. 怎样加强对职工方协商代表的保护？

（1）用人单位应当保障协商代表履行职责所必需的工作条件和工作时间。协商代表参加集体协商占用工作时间的，视为提供正常劳动。

（2）女职工一方的协商代表履行协商代表职责期间，用人单位不得随意变更其工作岗位。因工作需要确需变更协商代表的工作岗位，应当事先征求本单位工会的意见，并征得女职工本人同意。

（3）女职工一方的协商代表在履行协商代表职责期间，劳动合同期限届满，协商代表本人要求顺延劳动合同期限的，用人单位应当将其劳动合同期限顺延至完成履行协商代表职责之时。

（4）女职工一方协商代表在履行协商代表职责期间，用人单位不得解除其劳动合同，但有下列情形的除外：严重违反劳动纪律或者用人单位依法制定的规章制度的；严重失职、营私舞弊，对用人单位利益造成重大损害的；被依法追究刑事责任的。

146. 怎样确定协商议题？

在确定协商议题时，要抓好三个环节：

（1）调查研究

职工方协商代表深入基层通过召开座谈会、问卷调查或直接听取意见等方式，广泛征求女职工的意见和要求，掌握女职工最关心、最现实、最直接的利益问题，使协商议题在形成时就充分体现多数女职工的意愿。

（2）议题筛选

职工方协商代表不可能将女职工所提的意见和要求都提交协商会议，要有所选择，应将女职工的意见归纳整理，结合现行政策和企业情况进行分析研究，提出协商议题。

（3）情况沟通

职工方协商代表应就协商议题征求企业职能部门的意见，对议题做进一步的修改、完善或调整。再由职工方协商代表与企业领导人进行沟通，协调双方的立场和意见，尽可能将女职工的要求同企业方的意见统一起来，使议题更加切合实际。在确定议题的过程中，职工方协商代表与企业方的沟通很重要，尤其是对有些重要的敏感性问题或可能会产生分歧意见的问题，通过会前的非正式协商，坦诚交换意见，有利于达成共识。在建立党委的企业，职工方协商代表提出的协商议题还必须主动向党委汇报，取得党委支持，有些问题要借助党委与行政进行协调。

147. 怎样拟定协商方案？

协商议题确定后，就要着手拟定协商方案。协商方案应包括以下内容：

（1）协商的时间、地点、参加人员等事项；

（2）协商议题及其说明；

（3）协商的原则和程序；

（4）共同确定一名非协商代表担任集体协商记录员，记录员应保持中立、公正，并为集体协商双方保密；

（5）其他需要明确的事项。

拟定协商方案要具体明确，突出重点，量化指标，具有可操作性。最后，协商方案还要附上相关的法律法规和政策规定、信息资料和数据分析，作为提出协商理由的依据，以备协商时查阅。

148. 怎样制定协商策略？

女职工一方的协商代表，应当对正式协商的策略进行运筹谋划。从协商策略的类型看，主要包括：进攻策略、防守策略、妥协策略、退却策略、坚守策略、迂回策略等。协商策略一旦确定，女职工一方的协商代表应团结协作，而不应各行其是。如果在协商过程中需要调整策略，女职工方的协商代表应要求短暂休会并研究确定新的策略和实施方案。

为了正确实施各项协商策略应努力做好以下几点：

第一，把握重点，突出中心。着力解决主要问题，避免在一些次要问题上纠缠不休。

第二，真诚合作，协调一致。女职工方的协商代表在协商中要尊重对方，注意倾听企业方的意见，深入阐明女职工方的意见，取得对方的理解和认同。当出现重大分歧僵持不下时，女职工方的协商代表应主动提出休会，缓解矛盾。

第三，留有余地，有进有退。女职工方的协商代表在设定协商目标时要给双方留有一定的空间，不仅给本方要留有余地，也应给企业方留有余地。

第四，曲折行进，以退为进。女职工方的协商代表可以退让的姿态作为进取的阶梯，退是一种表面现象，由于在形式上采取了退让，使企业方能从职工方的退让中得到心理满足，不仅思想上会放松戒备，而且作为回报，企业方也会满足职工方的某些要求，而这些要求正是职工方的真实目的。

149. 怎样发出专项集体协商要约?

按照《集体合同规定》的规定，工会或企业均可就女职工权益保护专项集体合同相关事宜以书面形式向对方提出集体协商的要求，另一方应当在收到集体协商要求之日起20日内以书面形式给予回应，无正当理由不得拒绝进行集体协商。

提出集体协商要约，是开展集体协商和签订集体合同的法定程序。在实践中，一般情况是由工会方向企业方主动提出要约。企业工会提出协商要约有困难的或在其他特殊情况下，其上级工会可依法代替基层工会向企业提出协商要约。工会提出协商要约后，企业方不按期回应或拒绝进行集体协商的，上级工会应依法下达“整改建议书”，提出整改建议；对逾期不改的企业，工会可提请劳动行政部门责令其改正，直至追究其行政或法律责任。

150. 签订女职工权益保护专项集体合同需做好哪些准备工作?

签订女职工权益保护专项集体合同需做好以下工作：

（1）协商代表、首席代表的产生

已建立集体合同制度的单位，女职工一方的协商代表、首席代表应与集体合同协商代表、首席代表一致。未建立集体合同制度的单位，女职工一方的协商代表应由本单位工会选派，首席代表由本单位工会主席担任，工会主席也可以书面委托工会女职工委员会主任担任首席代表。工会主席或工会女职工委员会主任空缺的，首席代表由工会主要负责人担任。未建立工会组织的单位，女职工一方的协商代表由本单位女职工民主推荐，并经本单位半数以上女职工同意，首席代表从协商代表中民主推举产生。

用人单位一方的协商代表，由用人单位法定代表人指派。首席代表一般由单位法定代表人担任，特殊情况下可由其书面委托的其他管理人员担任。

（2）对协商代表开展专门培训

根据女职工权益保护专项集体合同工作需要，对职工协商代表开展有针对性的培训。

（3）起草集体合同草案

职工协商代表会同本单位工会女职工干部在对企业女职工权益保护状况进行调查和分析的基础上，起草《女职工权益保护专项集体合同（草案）》，并广泛征求用人单位和女职工意见，进一步修改和完善。

151. 协商会议的程序是怎样的?

协商会议的程序如下：

（1）宣布议程、协商规则和会议纪律。

（2）要约方的首席代表介绍集体协商的准备过程、协商的具体内容和要求、提出协商议案的理由和依据。受约方首席代表就对方的要求做出回应。

（3）协商双方就商谈事项发表各自的意见，开展充分讨论。

（4）双方首席代表归纳意见，就达成一致的意见提出共同确认的表述方式。

（5）形成集体合同草案。

协商会议一般按照双方商定的协商议题进行，视商议的具体情况，进行一轮或多轮的协商。在协商过程中双方均可提议增加新的协商内容，但应在原定议题协商完毕后，再就新增内容进行商议。每次协商会议的结果都要记录在案，由双方首席代表签字确认。

152. 集体协商的结果如何？

集体协商的结果有以下两种情况：

一是工会与企业协商一致，签订集体合同或专项集体合同。实践中，许多企业在正式协商前就准备了集体合同草案，以便在协商时有一个基本的方案，双方围绕集体合同草案展开讨论，对具体条款进行修改、补充和完善，协商一致后签订集体合同或专项集体合同。集体合同草案也可以在正式协商后进行，将双方达成一致意见的议题形成正式的集体合同草案。起草集体合同草案可以由双方指派代表组成起草小组共同完成，也可以委托工会或企业方起草。通常情况是由工会主动承担起草工作，这样做有利于工会方掌握工作的主动权，可以在起草过程中充分吸收广大职工的意愿和要求，也有利于在职工代表大会或职工大会上审议通过。

二是平等协商未能达成一致意见或出现事先未预料的问题时，经双方同意，中止协商。中止期限及下次协商的时间、地点、内容由双方商定。《集体合同规定》没有规定中止协商的期限，按惯例中止期限一般最长不超过 60 天。在中止协商期间，工会要多做调查研究，加强各方的磋商与协调，找准突破口，寻求结合点，积极创造条件恢复集体协商。双方对不能确定的问题，可以向劳动行政部门、上级工会、企业主管部门和企业组织等进行咨询，取得指导帮助，或申请协调。

153. 协商阶段应遵守哪些原则？

在协商过程中，应遵循以下原则：

（1）遵守法律、法规、规章及国家有关规定

遵守法律、法规、规章及国家有关规定的原则，是指女职工权益保

护专项集体合同的主体、内容、形式和程序必须符合国家有关法律、法规的规定。首先，这里的“法”是广义的，凡涉及女职工权益保护的法律、法规以及规章都是推行女职工权益保护专项集体合同的依据。其次，根据《劳动法》《劳动合同法》《女职工劳动保护特别规定》的有关规定，女职工权益保护专项集体合同的主体是全体女职工和用人单位，其他组织或者个人无权订立专项集体合同；同时专项集体合同的订立程序同样要符合法律、法规以及规章的规定，缺一不可；专项集体合同的形式必须采用书面形式。只有符合上述规定，所订立的集体合同才具有合法性。

（2）相互尊重，平等协商

相互尊重是指协商双方不能采取强迫、威胁等不正当手段，要求对方接受自己的条件和要求。平等协商是指协商双方不存在行政隶属关系，双方法律地位平等，都以平等的身份提出自己的主张和要求。

（3）诚实守信，公平合作

诚实守信要求协商双方当事人在订立、履行女职工权益保护专项合同中应当讲诚实、守信用，善意地行使权利履行义务，不得规避法律和合同义务。公平合作要求协商双方当事人应该自始至终以公平和合作的态度进行集体协商、履行女职工权益保护专项集体合同。

（4）兼顾双方合法权益

兼顾双方合法权益就是要求女职工权益保护专项集体合同的结果，既要有利于维护女职工的合法权益，也要有利于用人单位的发展。这就要求劳动关系双方从用人单位的实际出发，通过集体协商，针对用人单位劳动关系现状和发展水平，制定基本劳动标准和劳动条件，形成互谅互让，共谋发展的基础，在平等合作中实现“共享”、“互利”，实现劳动者与用人单位“双赢”的目的。

（5）不得采取过激行为

在女职工权益保护专项集体合同的协商或履行过程中，难免会发生因协商达不成一致，或因集体合同履行出现违约，以及其他纠纷，协商双方应当在法律规定的范围内依法进行调处，不得采取过激行为。

154. 协商阶段应掌握哪些协商方法?

协商阶段应掌握以下协商方法：

（1）要尊重对方

在集体协商中要想对方尊重自己一方，自己一方首先要尊重对方，例如明知对方讲错了，而且仍然固执己见，不要讽刺挖苦，要实事求是，客观冷静地给予指出。

（2）要抓住协商的重点

集体协商的内容很广泛，在协商中要突出重点中心、把握重点，不要纠缠在一些繁杂琐碎的小事上。

（3）要顾全大局

集体协商的内容涉及企业和女职工双方的利益，因此在协商过程中要兼顾各方的利益，防止片面强调女职工利益而不顾及企业的承受能力，特别是对工资、劳动条件和生活福利提出不切企业实际的过高要求。

（4）要不怕反复

在集体协商过程中，对某些条款进行反复协商是经常发生的。当谈不妥时，不要气馁，要不怕反复，不断阐述自己的观点和要求，以取得对方的理解。

（5）要坚持“四不”

无据（法律根据）不纠缠，无理不力争，原则不放过，小节不计较。职工该得的“必伸手”，可得可不得的“伸伸手”，不该得的“不伸手”，做到得之有道。

（6）要坚持“四谈”

职工关心的热点问题重点谈，涉及职工切身利益的问题坚持谈，有争议的问题耐心谈，僵持不下的问题放后谈，使工会在平等协商中既讲原则，又有一定的灵活性。

155. 职工（代表）大会审议阶段应做好哪些工作？

经双方协商代表协商一致产生的《女职工权益保护专项集体合同（草案）》，应当提交职工代表大会或者全体职工讨论。

职工代表大会或者全体职工讨论专项集体合同草案，应当有三分之二以上职工代表或者职工出席，且须经全体职工代表半数以上或者全体职工半数以上同意，《女职工权益保护专项集体合同（草案）》方获通过。职工（代表）大会审议阶段具体程序如下：

（1）由工会或行政首席代表宣读《女职工权益保护专项集体合同（草案）》（以下简称《草案》），并就合同内容做出必要的解释。

（2）职工代表组分组对《草案》逐条讨论审议。审议内容主要包括两点，一是是否体现了广大女职工的意愿和要求；二是是否有违反法律、法规、政策及企业规章的有关规定。

（3）召开职工（代表）大会主席团会议，对于职工（代表）所提意见，进行归纳整理，做出说明。

（4）职工（代表）以投票方式进行表决，表决以多数通过方为有效。

（5）未获通过的《草案》，应由双方协商代表进一步协商，修改有关条款内容，并将修改结果向职工（代表）大会作出说明和解释，并再次经职工（代表）大会讨论、审议、通过。

156. 报送审查阶段应做好哪些工作？

报送审查阶段应做好以下工作：

（1）女职工权益保护专项集体合同签订或变更后，应当自双方首席代表签字之日起10日内，由用人单位一方将集体合同文本一式三份报送劳动保障行政部门进行审查。

企业送审应当准备的材料有：①《女职工权益保护专项集体合同备案申请表》；②职工（代表）大会或职工代表会议关于实行女职工权益保护专项集体合同的决议；③女职工权益保护专项集体合同文本一份；④企业注册登记证明复印件。

依法设立的法人分支机构申请女职工权益保护专项集体合同备案，同时应报送法人授权委托书。

（2）女职工权益保护专项集体合同审查实行属地管辖，具体管辖范围由省级劳动保障行政部门规定。劳动保障行政部门对报送的女职工权益保护专项集体合同应当办理登记手续。

（3）劳动保障行政部门应当对报送的女职工权益保护专项集体合同的下列事项进行合法性审查：①企业的法人主体资格问题；②女职工权益保护专项集体合同中关于职工工资标准的明细问题；③女职工权益保护专项集体合同中关于企业对职工实行罚款规定的法律依据问题；④女职工权益保护专项集体合同中的规定与现实国家劳动政策法规规定相冲突或者规定的不准确问题；⑤女职工权益保护专项集体合同的履行、变更、解除或终止的不明确规定。

（4）劳动保障行政部门对女职工权益保护专项集体合同有异议的，应当自收到文本之日起15日内将《审查意见书》送达双方协商代表。《审查意见书》应当载明以下内容：①女职工权益保护专项集体合同当事人双方的名称、地址；②劳动保障行政部门收到女职工权益保护专项集体合同的时间；③审查意见；④作出审查意见的时间。

《审查意见书》应当加盖劳动保障行政部门印章。

（5）用人单位与本单位职工就劳动保障行政部门提出异议的事项，经集体协商重新签订女职工权益保护专项集体合同的，用人单位一方应当自双方首席代表签字之日起10日内，将文本报送劳动保障行政部门审查。

157. 履约及监督检查阶段应做好哪些工作?

生效的女职工权益保护专项集体合同，应当自其生效之日起由协商代表及时以适当的形式向本方全体人员公布，用人单位和全体女职工都要严格执行。集体合同监督检查小组应有工会女职工组织的代表参加，尚未建立工会或工会女职工组织的，要有女职工代表参加，共同对女职工权益保护专项集体合同履行情况定期进行检查和监督。对发现的问题要督促用人单位采取措施进行整改。同时，每年应至少一次将女职工权益保护专项集体合同履行情况向本单位职工大会或职工代表大会报告，接受职工的监督。

158. 什么情况下可以变更、解除女职工权益保护专项集体合同?

《集体合同规定》第三十九条规定，双方协商代表协商一致，可以变更或解除集体合同或专项集体合同。这就是说女职工权益保护专项集体合同与集体合同一样都可以通过协商给予变更。依据上述规定，且符合下列情形之一的，可以变更或解除女职工权益保护专项集体合同：

（1）双方协商代表协商一致，可以变更或解除女职工权益保护专项集体合同；

（2）女职工权益保护专项集体合同约定的变更或解除条件出现的；

（3）订立女职工权益保护专项集体合同时所依据的客观情况发生重大变化，致使女职工权益保护专项集体合同无法履行的；

（4）法律、法规、规章规定的其他情形。

变更或者解除女职工权益保护专项集体合同应遵循集体协商程序进行。

159. 什么情况下可以终止女职工权益保护专项集体合同？

有下列情形之一的，可以终止女职工权益保护专项集体合同：

（1）用人单位因被兼并、解散、破产等原因，致使女职工权益保护专项集体合同无法履行的；

（2）因不可抗力等原因致使女职工权益保护专项集体合同无法履行或部分无法履行的；

（3）女职工权益保护专项集体合同期满或双方约定的终止条件出现，即行终止。

（4）女职工权益保护专项集体合同期满后，一方不同意续订集体合同的。

（5）法律、法规、规章规定的其他情形。

160. 怎样续订女职工权益保护专项集体合同？

《集体合同规定》第三十八条规定，集体合同或专项集体合同期限一般为 1 至 3 年，期满或双方约定的终止条件出现，即行终止。

集体合同或专项集体合同期满前 3 个月内，任何一方均可向对方提出重新签订或续订的要求。

因此，说集体合同期满前 3 个月内，任何一方均可向对方提出续订的要求，双方同意续订集体合同的，协商续订集体合同。续订女职工权益保护专项集体合同与订立程序相同。

161. 怎样处理因签订女职工权益保护专项集体合同发生的争议？

《劳动法》第八十四条规定，因签订集体合同发生争议，当事人协商解决不成的，当地人民政府劳动行政部门可以组织有关各方协调处理。

《集体合同规定》第四十九条规定，集体协商过程中发生争议，双方当事人不能协商解决的，当事人一方或双方可以书面向劳动保障行政部门提出协调处理申请；未提出申请的，劳动保障行政部门认为必要时也可以进行协调处理。由于这个阶段的争议发生在集体合同生效前，不受法律保护，因此不能申请仲裁，只能通过协商解决专项集体合同纠纷，其处理程序如下：

第一，当事人自行协商解决。因签订集体合同发生的争议，双方应当通过协商自行解决。

第二，提请协调处理。如果协商不成，当事人一方或双方可以向劳动行政部门的劳动争议协调处理机构书面提出协调处理申请。

162. 协调处理集体协商争议应注意哪些问题？

协调处理集体协商争议应注意以下问题：

（1）在协调处理时，双方当事人各选派协商代表 3 至 10 名，并指定一名首席协商代表参加；

（2）为保证职工代表在协商处理过程中充分行使权利，用人单位不得在此期间解除与协商代表的劳动关系；

（3）协调处理结果由劳动行政部门制作《协调处理协议书》，协议书下达后，双方应当执行。

163. 什么是因履行集体合同发生的争议？

因履行集体合同发生的争议，是指集体合同生效后在其有效期内，双方当事人因不履行、不完全履行或不适当履行集体合同，以及对集体合同的变更、解除、终止等问题有争议时发生的争议。其处理方式和程序与签订集体合同中发生争议的不同，在履行集体合同中发生的争议，其前提是已经签订并具有法律效力的集体合同，也就是说这时集体合同条款中规定的双方的权利、义务已具有法律效力，而争议也是由此而产生的。

164. 怎样处理因履行女职工权益保护专项集体合同发生的争议？

《劳动法》第八十四条规定，因履行集体合同发生争议，当事人协商解决不成的，可以向劳动争议仲裁委员会申请仲裁。《劳动合同法》第五十六条规定，用人单位违反集体合同，侵犯职工劳动权益的，工会可以依法要求用人单位承担责任；因履行集体合同发生争议，经协商解决不成的，工会可以依法申请仲裁、提起诉讼。《工会法》第二十条第三款规定，因履行集体合同发生争议，经协商解决不成的，工会可以向劳动争议仲裁机构提请仲裁，仲裁机构不予受理或者对仲裁裁决不服的，可以向人民法院提起诉讼。《集体合同规定》第五十五条规定，因履行集体合同发生争议，当事人协商解决不成的，可以依法向劳动争议仲裁委员会申请仲裁。

上述内容都是因履行集体合同发生争议的处理规定，具体程序如下：

（1）仲裁申请

因履行集体合同发生的劳动争议，经协商解决不成的，工会可以代表女职工依法申请仲裁；尚未建立工会的，由上级工会指导女职工推举产生的代表依法申请仲裁。

仲裁申请书应当载明下列事项：①工会法人代表的姓名、性别、年龄、职业、工作单位、住所、通讯地址和联系电话，用人单位的名称、住所、通讯地址、联系电话和法定代表人或者主要负责人的姓名、职务；②仲裁请求和所根据的事实、理由；③证据和证据来源，证人姓名和住所。

（2）仲裁机构不予受理或者对仲裁裁决不服的，可以向人民法院提起诉讼。

165. 申请仲裁应提交哪些材料？

申请仲裁应提交以下材料：

（1）《仲裁申请书》。申请人应当按照规定如实准确填写《仲裁申请书》，《仲裁申请书》一式三份，其中两份由申请人本人或其委托代理人提交仲裁委，一份由申请人留存。

（2）身份证明。提交工会法人代表身份证明的原件及复印件，申请人是用人单位的，提交本单位营业执照副本及复印件、本单位法定代表人身份证明、委托代理人身份证明、授权委托书等。

（3）申请人在申请劳动仲裁时，仲裁委员会根据立案审查的需要，要求申请人提交能够证明被申请人身份的有关材料的，申请人应当提交。如被申请人是用人单位的，应当提交其工商注册登记相关情况的证明（包括单位名称、法定代表人、住所地、经营地等情况）。

166. 仲裁的基本程序是什么？

仲裁的基本程序如下：

（1）争议发生后一年内申请仲裁，递交仲裁申诉书；

（2）仲裁委员会收到申诉书之日起五日内作出是否受理的决定；

（3）仲裁庭开庭五日前书面通知双方当事人；

（4）开庭，明确请求，答辩，调查，举证质证，辩论，陈述；

（5）调解；

（6）调解不成，裁决。

167. 什么情况下应承担违反女职工专项集体合同的责任？

承担违反女职工权益保护专项集体合同责任的情况主要有两种：

（1）当事人有违约行为

违约行为是当事人承担违约责任的客观依据，是首要条件。所谓违约行为，即指当事人违反法律和合同约定的义务的行为，包括不履行集体合同或不完全履行集体合同两种情况。不履行，又称完全不履行，是指女职工权益保护专项集体合同当事人根本没有履行专项集体合同规定的任何义务；不完全履行，是指专项集体合同当事人没有全面履行合同规定的义务，或者没有按照专项集体合同规定的标准条件、履行方式等履行集体合同规定的义务。在实践中，一般来说大多数违反专项集体合同违约行为表现为不完全履行，真正不履行的情形比较少。

（2）违约方要有过错

追究专项集体合同当事人的违约责任，除坚持要有不履行或不完全履行集体合同行为这一客观事实外，还要看违约方的违约行为在主观上是否有过错。过错是专项集体合同当事人承担违约责任的主观要件。所谓过错，是指违约当事人对自己的违约行为及其后果的一种心理状态。它包括故意和过失两种表现形式。故意，是指当事人明知自己的行为会造成违约后果，并希望或放任这种违约结果的发生。过失，是指当事人应该预见自己的行为发生违约的结果，但因疏忽大意没有预见或已经预见但由于轻信能够避免以致引起违约结果的发生。专项集体合同依法订立后，当事人无论是故意或过失造成合同不能履行或不能完全履行，都应承担违约责任。

在实践中，专项集体合同的违约多属一方的行为。因此，由于当事人一方的过错，造成专项集体合同不能履行或不能完全履行的，则应由有过错的一方承担违约责任。专项集体合同的违约行为，有时也表现为双方的过错造成的，在这种情况下，就应由双方当事人分别承担各自应承担的法律责任。

168. 用人单位违反专项集体合同应承担哪些法律责任？

用人单位违反专项集体合同应承担的法律责任主要有以下方面：

（1）行政责任

用人单位不履行集体合同规定的义务，其主管领导应负纪律责任。如果由于其违约行为致使专项集体合同不能履行时，其主管机关就应依法对用人单位主要责任人员给予警告、记过、撤职等行政处罚或者是批评、教育一类的纪律处分。

（2）经济责任

用人单位违反专项集体合同规定的法定义务，如违反法律规定的由用人单位负责提供的劳动保护措施时，专项集体合同管理部门就可以对其处以罚款处理。如果用人单位的违约行为致使专项集体合同不能履行或不完全履行时，则应视其违约情形和侵犯工会和职工利益的事实，承担赔偿责任，以补偿对方当事人和职工个人的损失。

（3）继续履行

继续履行专项集体合同是指用人单位不履行专项集体合同规定的义务时，根据工会和职工的要求，继续履行专项集体合同。

（4）支付违约金

用人单位违反专项集体合同规定的义务，不履行或没有完全履行集体合同，按照法律规定或专项合同的约定付给对方当事人一定的违约金，一般由用人单位直接责任人支付。

（5）刑事责任

如果用人单位管理人员恶意违反专项集体合同，造成严重后果的，应根据《中华人民共和国刑法》及其有关规定，追究其刑事责任。

169. 职工违反专项集体合同应承担什么责任？

职工违反专项集体合同的有关规定，不履行集体合同或不完全履行集体合同规定的义务，同样也应承担相应的法律责任。当然职工个人的责任条件同样须具备违约行为和主观过错两个条件，另外常常还有造成严重后果一类的事实。职工承担的违约责任一般有以下方面：

（1）行政责任

由于职工不履行专项集体合同规定的义务，同时还违反了劳动纪律和企业内部劳动规章，应该依据相关劳动法律法律和企业内部规章制度等承担行政责任。

（2）经济责任

因不履行专项集体合同规定的义务，同时给企业造成一定经济损失，应该依据相关劳动法律法律和企业内部规章制度等规定，赔偿企业一定数额的经济损失。

（3）道义上的责任

因不履行专项集体合同规定的义务，同时给企业形象造成一定不良影响，应做出检查或检讨。

170. 怎样合力推进女职工权益保护专项集体合同工作？

（1）要将推进女职工权益保护专项集体合同工作融入工会工作全局，纳入女职工整体工作规划和部署。要结合专项集体合同工作的总体安排进行研究，建立目标责任考核制度，采取相应的激励措施，积极稳妥推进。要以贯彻落实《女职工劳动保护特殊规定》为契机，并将女职工权益保护专项集体合同的协商、签约、履约和监督检查工作，作为创建劳动关系和谐企业活动的重要内容。各级工会要积极争取党政部门的重视和支持，进一步整合工会内外资源，依托劳动关系三方协商机制，优化协商环境，形成协同推进的工作态势。

（2）上级工会要加强对基层工会开展签订女职工特殊权益保护专项集体合同工作的指导，提供政策支持、专业支持等，为基层工会开展这项工作提供切实有效的服务。对无正当理由拒绝平等协商、违反专项集体合同的企业，要责令其限期改正。同时建议劳动行政部门将专项集体合同履行情况列入用人单位劳动保障守法诚信档案，并按照规定予以公布。

（3）从实际出发，加强对女职工权益保护专项集体合同的分类指导。在推行女职工权益保护专项集体合同工作中，各级工会及工会女职工组织要加强对基层工作的指导，为基层开展工作提供服务和帮助。要根据不同地区、不同行业及不同类型用人单位的实际，有针对性地就女职工权益保护中的突出问题开展平等协商。在协商过程中力求重点突出，议题集中，措施可行。女职工权益保护专项集体合同的条款要具体，标准要量化，切实增强女职工权益保护专项集体合同工作的针对性、实效性和可操作性。

（4）加强宣传培训工作，营造推进女职工权益保护专项集体合同工作的良好氛围。各级工会组织要广泛宣传国家有关劳动法律法规和政策规定，宣传推进女职工权益保护专项集体合同工作的重要性和必要性，统一思想，达成共识。加强培训，通过培训使工会干部及工会女职工工作干部熟悉相关法律法规和政策，掌握平等协商和签订女职工权益保护专项集体合同的基本知识、协商要领及技巧，确保女职工权益保护专项集体合同工作规范有序、顺利开展和工作目标的实现。

171. 怎样将女职工权益保护专项集体合同工作落到实处？

（1）各级工会组织、女职工委员会要将此项工作纳入工会重点工作目标考核，落实相关人员负责此项工作，并组织专门人员适时进行检查督办，及时了解情况，以点带面，不断完善，逐步推广，确保女职工特殊权益保障专项集体合同工作健康有序地开展。

（2）各级工会及其女职工委员会要充分利用组织优势，围绕监督落实关，确保女职工委员会代表参与专项集体合同监督检查小组工作，并做好信息收集、动态分析和情况通报工作。

（3）各级工会及工会女职工组织要积极借助社会力量，并充分发挥工会各职能部门作用，建立女职工权益保护专项集体合同工作监督检查机制。基层工会及工会女职工组织要加强与用人单位的沟通和协调，督促其认真履行女职工权益保护专项集体合同。对于用人单位违反女职工权益保护专项集体合同条款的行为，工会应依法要求其整改。要将履约情况纳入到用人单位向职代会报告的事项中。通过监督检查，确保女职工权益保护专项集体合同工作的有效实施。

（4）对生效的女职工权益保护专项集体合同，应当自其生效之日起由协商代表及时以适当的形式向本方全体人员公布，用人单位和全体女职工都要严格执行。集体合同监督检查小组应有工会女职工组织的代表参加，尚未建立工会或工会女职工组织的，要有女职工代表参加，共同对女职工权益保护专项集体合同履行情况定期进行检查和监督。对发现的问题要督促用人单位采取措施进行整改，同时每年应至少一次将女职工权益保护专项集体合同履行情况向职工代表大会报告，接受职工的监督。

【范例】

××航空股份有限公司
女职工权益保护专项集体合同

第一章　总　则

第一条　为适应建立和谐劳动关系需要，维护和保障新形势下女职工合法权益和特殊利益，减少和解决女职工在劳动、工作中因生理特点造成的特殊困难，在构建和谐社会中更好地发挥女职工的作用，促进女职工与××共同发展，根据中华人民共和国《劳动法》《劳动合同法》《工会法》《妇女权益保障法》《女职工劳动保护特别规定》《××航空股份有限公司女职工劳动保护实施细则》等有关法律法规，依照“平等协商、共谋发展”的原则，签订本合同。

第二条 本合同由公司工会与公司行政双方经平等协商后签订。

第三条 本合同适用于××航空股份有限公司，合同中统称为用人单位。

本合同所称女职工包括：与××建立劳动关系的所有女性职工。（××航空股份有限公司控股的公司可参照执行）

第四条 用人单位与女职工个人所订立的劳动合同中的女职工特殊权益条款的标准，不得低于本合同的规定，低于本合同规定的，按本合同标准执行。

第五条 工会及其女职工组织积极协助公司做好女职工思想教育工作，引导女职工自觉遵守国家有关法律法规，提高女职工知识水平，共谋企业健康发展。

第二章 女职工合法权益保护条款

第六条 女职工在政治、经济、文化、社会、教育、家庭和生活等方面享有与男职工平等的权利。女职工享有与男职工平等的劳动权利和社会保障权利，用人单位不得以任何借口歧视女职工。

第七条 公司工会女职工委员会或女职工委员应当参与制定及修改公司涉及女职工权益的有关规章制度，依法保障女职工的合法权益和特殊利益。

第八条 女职工委员会在公司工会领导下依法维护女职工的合法权益，用人单位必须对其工作予以支持，并将女职工工作纳入年度考核目标。

第九条 用人单位在录用、考核、晋职、晋级、评聘专业技术职务、享受福利待遇、执行国家退休制度等方面，必须坚持男女平等的原则，必须按照国家规定执行女职工退休制度。

第十条 用人单位应当支持工会女职工组织参与民主管理。工会委员会中必须至少有一名女职工代表；用人单位在研究决定涉及女职工利益问题时，必须听取女职工组织的意见；职代会中必须有一定比例的女职工代表。

第十一条 用人单位工会女职工委员会必须在党委、工会的领导和行政的支持下，以实施“女职工素质提升计划”为载体，围绕公司发展战略，不断提高女职工队伍的综合素质，开展多种形式、丰富多彩的学习教育、培训和自我达标活动。

第十二条 用人单位在组织职工进修、外出考察学习、岗位培训时，应根据岗位需要安排一定比例的女职工参加。各级女职工委员会以实施“促进女职工成长计划”为载体，积极向公司推荐优秀女干部人选，有关部门和单位应当重视其推荐意见。

第十三条 各级女职工委员会以“女职工建功立业工程”建设为立足点，带领广大女职工积极参与公司各项生产经营活动，以及岗位练兵、技能业务提升竞赛，爱岗敬业，钻研业务，力求创新。

女职工委员会应当教育女职工遵纪守法，自觉执行公司规章制度，树立良好形象，维护公司声誉。

第十四条 用人单位应当根据女职工的特点，组织开展有益于女职工身心健康的文化体育活动，为女职工参加文化体育活动提供必要条件。

第十五条 用人单位工会女职工委员会组织女职工开展活动所需的经费，公司行政应予以支持。

第三章 女职工特殊利益保护条款

第十六条 用人单位必须严格执行国家、民航及所在省市有关女职工劳动保护的法律、法规和规章，并指定相应人员负责女职工劳动保护工作，明确责任，加强管理。

第十七条 用人单位必须根据女职工的生理特点和所从事工作的特点，加强劳动保护工作，应采取有效措施加强对女职工的安全教育和安全技术培训，每年要举办一次以上的职业健康或安全知识讲座。

第十八条 用人单位应严格按照《中华人民共和国劳动法》《劳动合同法》等国家、当地政府有关规定对在怀孕、产假、哺乳期间的女职工进行劳动（聘用）合同管理。不得以女职工结婚或在“三期”（孕期、产期、哺乳期）为由，降低女职工的工资和福利待遇标准，单方解除或终止与女职工的劳动（聘用）合同，但女职工要求解除或终止劳动合同的除外。变更女职工工作岗位应当征得女职工的同意。

第十九条 女职工在月经期间，所在单位不得安排其从事高空、低温、冷水和国家规定的第三级体力劳动强度的劳动。如确实患有重度痛经，不能坚持正常工作的，经县级以上医疗或妇幼保健机构确诊后，在月经或诊刮期间应安排1～2天休息，按出勤对待，经期假不能存休。

第二十条 女职工在孕期、哺乳期，用人单位不得安排其在超过国家规定噪音强度的环境中工作，不得安排从事接触铅、汞、苯、镉、二硫化碳等有毒有害物质的工作，以及超过卫生防护要求剂量限制的放射工作。在调离原接触有毒有害工作岗位期间，其营养补贴继续发到孕期、哺乳期满。

第二十一条 为保障优生优育，用人单位必须免费提供防辐射保护用品给予怀孕女职工，并在工作范围内采取一定的防辐射保护措施，所需经费在各单位安全生产劳保费用中列支。

第二十二条 禁止安排怀孕期的女职工从事国家规定的第三级体力劳动强度的工作，不应延长其劳动时间，对从事经常弯腰、攀高、下蹲、抬举、搬运等容易引起流产、早产的工作，应暂时调做其他适当工作或酌情减轻工作量。

第二十三条 飞行员、空中乘务员怀孕后，依据本人意愿，可停止其空中飞行、乘务工作，如有适合岗位或工作需要，可暂时调其他适当工作。本人申请休息的，可批准其休息，不影响调资，工资等福利待遇按国家和公司有关规定办理。

第二十四条 女职工怀孕七个月（按28周计算）和七个月以上，不得延长劳动时间或者安排夜班劳动。用人单位应根据具体情况和条件，给予每天享受工间休息一小时，算作劳动时间，休息时间可灵活掌握，但不能续存。

第二十五条 女职工怀孕期间按卫生部门的要求在劳动时间内进行产前检查，应当按出勤对待。对生产第一线的女职工，要相应减少生产定额，以保证产前检查时间。

第二十六条 女职工产假（符合计划生育政策的）分别按下列规定执行（产假期包括星期六、日和法定节假日）：

（一）单胎顺产者，给予产假98天，其中产前可以休假15天。23周岁以上怀孕并生育第一个子女的假期增加15天；子女出生后三个月之内领取《独生子女父母光荣证》的增加35天；多胎生育的，每多生育一个婴儿增加15天，产前、产后时间可视具体情况安排。产假期间，按出勤对待。（公司所在地省市人民政府制定产假标准优于此条件的按当地标准执行）男职工妻子生产，给予15天护理假。

（二）难产者，在产假98天基础上，剖宫产增加30天；产钳助产增加15天；吸引产增加15天；其他属于难产范围，经医务部门证明适当增加15天。

（三）怀孕不满4个月流产时（含自然流产、人工流产）应当根据医务部门的意见，给予15至30天的产假；怀孕满4个月以上流产时，给予42天产假。怀孕满7个月以上的遇死胎、死产和早产不成活的，给予75天产假。

（四）女职工接受节育手术的，凭手术证明按下列规定享受节育手术假期：

（1）放置宫内节育器的，自手术之日起休息3日，手术后7日内不得从事重体力劳动，空勤人员可改为值地面班；

（2）按规定取出宫内节育器的，休息2日；

（3）输卵管结扎的，休息30日；

（4）采用皮下埋植剂避孕的，自植入或取出手术之日起休息3日；

（5）同时施行两种节育手术的，合并计算假期；

（6）产假期间照发工资，不影响原有福利待遇和全勤评奖。

第二十七条 公司应当按照规定参加生育保险，按时足额缴纳生育保险费，保障女职工享受生育保险待遇。女职工怀孕后在进行产前检查和分娩时，其检查费、接生费、手术费、住院费和药费等以及流产（含自然和人工流产）所需费用按公司目前有关医疗费用管理规定办理。

第二十八条 女职工产假期满恢复工作时，应允许有两周时间逐渐恢复劳动定额。

第二十九条 女职工生育后，在其婴儿一周岁内应照顾其在每日劳动时间内授乳两次（含人工喂养）每次30分钟。多胞胎生育的，每多哺乳一个婴儿，每次哺乳时间增加30分钟。女职工每日劳动时间内的两次哺乳时间可以合并使用（合并天数不超过20天），也可根据具体情况集中使用，实行定额承包的岗位，应相应减少其工作量。哺乳期满时正值夏季（7、8月）或严冬（1、2月）的，哺乳期可以延长1个月至2个月。婴儿满周岁后，如确系婴儿体弱，经妇幼保健部门证明，可适当延长授乳时间，但延长期最多不得超过6个月。请特批哺乳假的按公司有关规定办理。

第三十条 女职工在哺乳期内，用人单位不得安排其从事国家规定的第三级体力劳动强度的劳动和哺乳期禁忌从事的劳动，不得延长其劳动时间，不得安排其从事夜班劳动。

第三十一条 经医务部门（医院级别由各单位根据实际情况自定）确诊患产后抑郁症、更年期综合征的女职工，不适合继续从事原工作的，用人单位可以适当减轻其工作量或暂时安排其他适宜的工作，并协助给予治疗。

第三十二条 用人单位根据女职工的生理特点和所从事工作的职业

特点，对处于经期、孕期、产期、哺乳期、更年期的女职工，给予特殊照顾和保护。

在产期的女职工应由工会女职工委员会代表单位给予看望和慰问，以表关怀。

第三十三条 用人单位应每年组织女职工进行一次妇科普查，建立女职工保健电子档案，为患妇科疾病的女职工提供治疗信息及帮助。妇科普查费用由用人单位负担，检查时间视为劳动时间。女职工较多的单位应设立咨询热线，聘请妇科专家或心理专家作长期顾问。

第三十四条 凡女职工较多的单位，应当积极帮助联系托儿所、幼儿园等，解决女职工照顾婴儿的后顾之忧，并妥善解决女职工在生理卫生、哺乳、照料婴幼儿等方面的困难。用人单位应按月定期发给女职工卫生保健费 50 元/人/月。

第三十五条 用人单位工会女职工委员会要积极动员和组织女职工参加“民航女职工大病互助基金”，应当关心、帮扶生活有困难的女职工和单亲女职工，实现互助互爱。

第三十六条 每年三八国际劳动妇女节，用人单位应给予女职工休假 4 小时，六一儿童节应给予有年龄在 12 岁以下孩子的母亲休假 4 小时。

第三十七条 禁止违反女职工意志，以带有性内容或者与性有关的行为、语言、文字、图片、图像、电子信息等任何形式故意对其实施性骚扰。用人单位应当通过建设适当的环境、制定必要的调查投诉制度等措施，预防和制止对女职工的性骚扰。受到性骚扰的女职工有权向有关单位投诉。

第三十八条 用人单位应当采取措施预防和制止家庭暴力对女职工身体和精神的伤害，依法为受害女职工提供救助。

第四章　法律责任

第三十九条 用人单位行政领导应负责本合同相关条款的组织实

施，人力资源部门负责对本合同相关条款的执行情况进行检查，工会和工会女职工委员会有权对本合同相关条款履行情况进行监督，协助行政部门贯彻实施。

第四十条 女职工违反国家有关计划生育法规的，应按照国家或当地政府有关计划生育规定处理，不适用本合同条款。

第四十一条 女职工因生理特点禁忌从事劳动的范围及有毒有害工种的具体内容由劳动部门规定。

第四十二条 用人单位属下的各单位可以根据本合同，并参照地方政府女职工劳动保护的有关规定，制定具体的实施办法。

第四十三条 女职工劳动保护的权益受到侵害时，有权向所在单位的主管部门或者当地劳动部门提出申诉。受理申诉的部门应当自收到申诉书之日起30日内作出处理决定；如女职工对处理决定不服的，可以在收到处理决定书之日起15日内，向作出处理决定的上一级行政机关申请复议，也可以直接向当地人民法院起诉。

第五章 合作与监督

第四十四条 用人单位要支持工会女职工组织参与民主管理，职代会女职工代表比例与公司女职工比例相当，女职工代表应参与公司平等协商签订集体合同和工资协商的全过程。

公司劳动竞赛委员会、劳动争议调解委员会、劳动保护监督委员会、劳动法律监督检查委员会中应有女职工代表。

第四十五条 为确保本合同的全面履行，合同双方成立对等人数的监督小组，每年对合同履行情况进行一次联合检查。

第六章 附 则

第四十六条 双方因履行本合同而发生争议，首先由合同双方协商解决，经协商未能达成一致意见，请求上级劳动部门和工会组织进行协调、处理有关争议。

第四十七条 本合同有效期限为______年，自______年______月______日起至______年______月______日止。

第四十八条 本合同相关条款如与国家现行法律法规相抵触，以国家现行法律法规为准。

第四十九条 本合同作为《××航空股份有限公司集体合同》的附件，与《××航空股份有限公司集体合同》具有同等的法律效力。双方必须依法履行，不因人事变动而变动。

第五十条 各单位可结合实际情况，对劳务派遣制女性人员权益保护，可参照此合同执行。

第五十一条 本合同正本1式5份，双方当事人各执1份，报合同审查登记机关3份；副本3份，公司董事会、公司党委各存1份，报××集团公司工会1份。

用人单位（盖章）：	工会（盖章）：
首席代表（签字）：	首席代表（签字）：
年　月　日	年　月　日

八 相关法律法规

工会女职工委员会工作条例

（2014 年 3 月 1 日　中华全国总工会
第六届女职工委员会第一次会议通过）

第一章　总　则

第一条　为加强工会女职工委员会组织建设和工会女职工工作，根据《中华人民共和国工会法》和《中国工会章程》的有关规定，制定本条例。

第二条　工会女职工委员会是在同级工会委员会领导下和上一级工会女职工委员会指导下的女职工组织，根据女职工的特点和意愿开展工作。

第三条　工会女职工委员会以马克思列宁主义、毛泽东思想、邓小平理论、“三个代表”重要思想、科学发展观为指导，坚定不移地走中国特色社会主义工会发展道路，推动男女平等基本国策的贯彻落实，依法表达和维护女职工的合法权益和特殊利益。

第二章　基本任务

第四条　团结动员女职工发扬工人阶级主人翁精神，积极投身改革开放和社会主义现代化建设，努力促进经济、政治、文化、社会和生态文明建设，为全面建成小康社会、把我国建设成为富强民主文明和谐的社会主义现代化国家、实现中华民族伟大复兴的中国梦而奋斗。

第五条　依法维护女职工在政治、经济、文化、社会和家庭等方面的合法权益和特殊利益，同一切歧视、虐待、摧残、迫害女职工的行为作斗争。

第六条　参与有关保护女职工权益的法律、法规、规章、政策的制定和完善，监督、协助有关部门贯彻实施。代表和组织女职工依照法律规定，参加本单位的民主管理和民主监督。参与平等协商、签订集体合同和女职工权益保护等专项集体合同工作，并参与监督执行。指导和帮助女职工与用人单位签订并履行劳动合同。参与涉及女职工特殊利益的劳动关系协调和劳动争议调解，及时反映侵害女职工权益问题，督促和参与侵权案件的调查处理。做好对困难女职工的帮扶救助工作。

第七条 对女职工进行思想政治教育，引导女职工践行社会主义核心价值观，树立自尊、自信、自立、自强精神，全面提高女职工的思想道德、科学文化、业务技能和健康素质。

第八条 积极发现、培养女性人才，及时向有关部门推荐优秀女性人才。

第九条 会同工会有关部门和社会有关方面共同做好女职工工作。有关方面在研究决定涉及女职工利益的问题时，必须听取女职工组织的意见。

第十条 与国际妇女组织开展友好交流活动，为妇女解放事业作出贡献。

第三章 组织制度

第十一条 各级工会建立女职工委员会。女职工委员会与工会委员会同时建立。企业、事业单位、机关和其他社会组织等工会基层委员会有女会员十人以上的建立女职工委员会，不足十人的设女职工委员。基层工会女职工委员会主任、副主任与工会委员会同时报上级工会审批。

第十二条 省、自治区、直辖市、地级总工会女职工委员会，实行垂直领导的产业工会女职工委员会，大型企业、事业单位、机关和其他社会组织等工会女职工委员会应设立办公室（女职工部），负责女职工委员会的日常工作；县级、乡镇（街道）、村（社区）工会和中、小企事业单位、机关等工会女职工委员会根据工作需要设专职或兼职工作人员，也可以设立办公室（女职工部）。

第十三条 女职工委员会委员由同级工会委员会提名，在充分协商的基础上产生，也可召开女职工大会或女职工代表大会选举产生。县以上工会女职工委员会根据工作需要可聘请顾问若干人。

第十四条 县以上工会女职工委员会常务委员会由主任一人、副主任若干人、常委若干人组成。

第十五条 在工会代表大会、职工代表大会、教职工代表大会中，女职工代表的比例应与女职工占职工总数的比例相适应。

第十六条 工会女职工委员会是县以上妇联的团体会员，通过县以上地方工会接受妇联的业务指导。

第四章 干 部

第十七条 女职工委员会主任由同级工会女主席或女副主席担任，也可经民主协商，按照相应条件配备女职工委员会主任，享受同级工会副主席待遇。女职工委员会主任应提名为同级工会委员会或常务委员会委员候选人。

第十八条 女职工200人以上的企业、事业单位工会女职工委员会，应配备专职女职工工作干部。

第十九条 女职工委员会委员任期与同级工会委员会委员任期相同。在任期内，由于委员的工作变动等因素需要调整时，由工会女职工委员会提出相应的替补、增补人选，经同级工会委员会审议通过予以替补、增补。

第二十条 各级工会女职工委员会要按照革命化、年轻化、知识化、专业化的要求和德才兼备的原则，努力建设一支政治坚定、业务扎实、作风过硬、廉洁自律、热爱女职工工作、深受女职工群众信赖的干部队伍。

第二十一条 各级工会女职工委员会要加强对女干部的培养，重视培训工作，提高女干部队伍的整体素质。

第五章 工作制度

第二十二条 女职工委员会实行民主集中制。凡属重大问题，要广泛听取女职工意见，由委员会或常务委员会进行充分的民主讨论后作出决定。

第二十三条 女职工委员会根据工作需要制定有关制度。每年召开一至二次常务委员会和委员会会议，也可临时召开会议。

第二十四条 工会女职工委员会要定期向同级工会委员会和上级工会女职工委员会报告工作。

第二十五条 县以上各级工会女职工委员会要把工作重心放在基层，增强基层女职工组织的活力，为广大女职工服务。

第六章 经 费

第二十六条 各级工会要为工会女职工委员会开展工作与活动提供必要的经费，所需经费应列入同级工会的经费预算。

第七章 附 则

第二十七条 各地方工会女职工委员会可根据本条例制定实施细则。

第二十八条 本条例解释权属于中华全国总工会女职工委员会。

关于进一步加强和改进中央企业女职工工作的指导意见

（2013 年 2 月 17 日）

为深入贯彻党的十八大精神，落实妇女权益保障法、中国妇女发展纲要（2011～2020 年）、女职工劳动保护特别规定等法律法规和有关方针政策，充分发挥中央企业广大女职工在做强做优中央企业、培育具有国际竞争力的世界一流企业进程中的积极性、主动性和创造性，进一步加强和改进新形势下中央企业女职工工作，现提出以下意见。

一、总体要求

（一）重要意义。中央企业女职工是中央企业职工队伍的重要组成部分，是中央企业重要的人力资源。长期以来，中央企业女职工为中央企业改革发展发挥了积极作用，作出了重要贡献。当前，中央企业女职工工作与中央企业改革发展新形势还存在不相适应的方面，与中央的要求还存在一些差距。进一步加强和改进新形势下中央企业女职工工作，是建设“四个一流”职工队伍、不断提升中央企业核心竞争力的迫切需要。

（二）指导思想。深入贯彻落实科学发展观，紧密围绕中央企业改革发展中心任务，优化女职工发展环境，保障女职工合法权益，提高女职工地位，推动女职工平等依法行使企业民主管理权利，平等参与企业管理，平等享有企业改革发展成果，充分发挥女职工作用，努力创造中央企业和谐发展良好局面。

（三）基本原则。坚持融入中心、服务大局，引导中央企业女职工锐意进取，开拓创新；坚持把握重点、突出特色，维护女职工群体特殊利益，消除薄弱环节，突出工作针对性，创造性地开展女职工工作；坚持以人为本、协调发展，尊重女职工地位，发挥女职工作用，提高对女职工工作的认同度、支持度，推动中央企业女职工队伍协调发展。

（四）目标任务。经过三年左右时间，中央企业女职工服务企业发展的作用得到进一步发挥，女职工教育、激励机制和女性人才、女性领导与管理人员培养选拔体制进一步健全，女性领导与管理人员、各级领导班子特别是中央企业集团班子成员中女性领导的数量和比例进一步提高，女职工劳动保护、职业健康、社会保障和帮扶救助机制进一步完善，女职工特殊权益得到有力维护，女职工工作科学化水平得到较大提高。

二、进一步引导女职工服务企业发展，岗位建功立业

（五）树立服务企业发展理念。积极引导女职工树立服务企业发展、促进自身发展的理念，以自身发展推动企业发展，以企业发展带动自身发展，实现企业与女职工的协调发展，使女职工成为中央企业转型升级、科技创新、国际化经营、人才强企、和谐发展五大战略的积极践行者，推动中央企业做强做优。

（六）鼓励女职工岗位建功。大力开展多种形式的女职工提升素质、建功立业活动。引导女职工发扬自尊、自信、自立、自强精神，立足本职岗位，发挥优势，不断进取，积极投身到企业改革发展、生产经营、技术创新、产品研发、市场开拓等各项工作中，积极参与到岗位练兵、技术比武、劳动竞赛、创先争优、巾帼建功等各项活动中，增强使命感和责任感，不断学习、不断进取，在各自岗位建功立业。

（七）完善激励机制。开展富有女职工特色的激励表彰活动，培育和选树在不同行业、不同战线、不同岗位上为企业发展作出突出贡献的三八红旗手、三八红旗集体、巾帼建功标兵、女职工标兵、优秀女职工和优秀女职工工作者等。建立和完善表彰激励机制，注重物质激励与精神鼓励相结合，充分发挥先进女职工的示范带动作用。适时对中央企业先进女职工集体和个人进行专项表彰。

（八）加大教育宣传力度。加强对女职工的正面引导，激发女职工岗位成才、服务企业的热情和活力。增强宣传意识，整合宣传资源，加大宣

传力度，进一步提高女职工社会地位和形象。充分利用多种舆论工具和宣传阵地，大力宣传女职工在推动企业改革发展中的积极作用和突出贡献，营造有利于女职工发展的社会氛围，不断扩大女职工工作社会影响力。

三、进一步加强女职工人才队伍和女性领导与管理人员队伍建设

（九）建立健全女职工教育培训制度。加大女职工教育培训力度，把女职工的教育培训纳入企业教育培训整体规划，拓宽教育培训渠道，增强培训的针对性和实效性，推动实施女职工素质提升工程。鼓励和支持女职工接受多种形式的继续教育、职业教育、资格培训，不断提高女职工理论水平、业务能力和综合素质，努力建设一流职业素养、一流业务技能、一流工作作风、一流岗位业绩的女职工队伍。

（十）畅通女职工职业发展通道。以培养大批女性领导与管理人员、党群工作者、科技人才、技能人才为目标，搭建女职工成才平台，建立多层次、多渠道女职工成长成才体系。采取有效方式，加大女性人才的培养力度，有关资源要向女职工特别是基层女职工适当倾斜，努力提高企业人才队伍中女性人才的比例。要重视女性人才的选拔任用工作，注重从基层、生产一线女职工队伍中培养选拔优秀女性人才，逐步壮大女性人才队伍。

（十一）搭建女职工参与民主管理平台。建立和完善女职工参与企业民主决策和民主管理的工作机制，积极创造女职工参与企业民主决策和民主管理的环境，不断提高女职工参与企业民主决策和民主管理的意识和能力。完善以职工代表大会为基本形式的民主管理制度，职工代表大会和工会会员代表大会中女代表比例应与职工总数中女职工比例相适应。企业制定涉及女职工利益的重要规章制度和重大决策时，要充分听取女职工的意见和建议。

（十二）加大女性领导人员选拔力度。中央企业各级党委（党组）要进一步更新用人观念，拓宽选人视野，把女性领导人员选拔配备纳入领导班子建设统筹考虑。坚持德才兼备、以德为先的用人标准，进一步深化企业人事制度改革，加大竞争性选拔工作力度，完善选拔任用机制，对有发展潜质的女性领导人员重点培养、大胆使用，及时把经过基层锻炼，政治

强、作风硬、懂经营、善管理的优秀女性人才选拔到中央企业各级领导岗位上。高度重视中央企业领导班子中正职女性领导人员的培养选拔，逐步提高各级领导班子女性领导人员的数量和比例。

四、进一步维护女职工合法权益和特殊利益

（十三）保障女职工劳动权益。认真贯彻落实劳动法、劳动合同法、妇女权益保障法、女职工劳动保护特别规定等有关女职工劳动保护的法律、法规和政策规定，稳定就业岗位，改善就业环境，保障劳动薪酬，实现体面劳动。消除招录职工时性别歧视，不以性别或变相以性别为由拒绝录用女性或提高女性录用标准。不降低或变相降低女职工合法劳动待遇。

（十四）加强女职工特殊利益维护。积极推进女职工权益保护专项集体合同签订工作，严格依法保障女职工劳动就业、职业安全与卫生、工资分配、休息休假、保险福利待遇等权利，落实女职工经期、孕期、产期、哺乳期保护及生育保险待遇，执行女职工禁忌从事劳动范围的规定。组织女职工参加安全生产教育、职业病防治、健康知识等培训，定期开展体检和妇科病普查与防治。

（十五）做好困难女职工帮扶救助。关注劳动就业、收入分配、社会保障等关系到女职工切身利益的实际困难和问题，有针对性地提供帮助，特别是对困难、单亲、家庭零就业女职工要加大帮扶力度，逐步建立帮扶长效机制，努力实现对困难、单亲、家庭零就业女职工帮扶工作的常态化、制度化和规范化。

（十六）强化女职工人文关怀和心理疏导。以各种形式向女职工普及生理、心理、安全和健康知识，倡导科学文明的生活方式，传播生理和心理健康新理念。加强心理疏导，组织女职工参加有益健康、积极向上、适合女职工特点的文化体育活动，不断提高女职工身心健康水平。

五、进一步提高中央企业女职工工作科学化水平

（十七）加强对女职工工作的领导。中央企业各级党委（党组）要高度重视女职工工作，提高对女职工工作的认识，把女职工工作摆在重要位置，列入议事日程，每年度听取本公司女职工工作情况汇报，及时研究解

决女职工工作中的重要问题，对加强和改进女职工工作提出要求，切实加强对女职工工作的领导。

（十八）加强工会女职工委员会建设。中央企业工会都应成立女职工委员会，选好配强工会女职工委员会主任。结合中央企业实际，贯彻落实全国总工会关于工会女职工组织规范化建设的有关要求。

（十九）提高女职工工作创新能力。不断研究新形势下中央企业女职工队伍变化，总结女职工工作新经验，探索女职工工作新方式，遵循女职工工作发展规律，积极搭建女职工交流平台，开展形式多样、富有特色的巾帼建功、素质提升、文化体育活动。建立健全女职工工作调查研究制度，注重调研成果的转化和运用。加强女职工工作者培训力度，加强中央企业之间女职工工作的交流，加强与地方工会组织、妇女组织联系，全方位、多角度、创造性开展女职工工作。

（二十）加大女职工工作支持力度。中央企业各级党委（党组）和企业工会要把更多资源赋予工会女职工组织，为工会女职工工作创造更好的环境和条件，加大对女职工工作经费的支持，把女职工工作经费纳入工会经费预算统筹安排，保障女职工组织开展工作需要。

各中央企业要结合实际，研究制定加强和改进本企业女职工工作的意见和措施。

女职工劳动保护特别规定

（2012年4月18日　国务院第200次常务会议通过）

第一条　为了减少和解决女职工在劳动中因生理特点造成的特殊困难，保护女职工健康，制定本规定。

第二条　中华人民共和国境内的国家机关、企业、事业单位、社会团体、个体经济组织以及其他社会组织等用人单位及其女职工，适用本规定。

第三条　用人单位应当加强女职工劳动保护，采取措施改善女职工劳动安全卫生条件，对女职工进行劳动安全卫生知识培训。

第四条　用人单位应当遵守女职工禁忌从事的劳动范围的规定。用人单位应当将本单位属于女职工禁忌从事的劳动范围的岗位书面告知女职工。

女职工禁忌从事的劳动范围由本规定附录列示。国务院安全生产监督管理部门会同国务院人力资源社会保障行政部门、国务院卫生行政部门根据经济社会发展情况，对女职工禁忌从事的劳动范围进行调整。

第五条　用人单位不得因女职工怀孕、生育、哺乳降低其工资、予以辞退、与其解除劳动或者聘用合同。

第六条　女职工在孕期不能适应原劳动的，用人单位应当根据医疗机构的证明，予以减轻劳动量或者安排其他能够适应的劳动。

对怀孕7个月以上的女职工，用人单位不得延长劳动时间或者安排夜班劳动，并应当在劳动时间内安排一定的休息时间。

怀孕女职工在劳动时间内进行产前检查，所需时间计入劳动时间。

第七条 女职工生育享受98天产假，其中产前可以休假15天；难产的，增加产假15天；生育多胞胎的，每多生育1个婴儿，增加产假15天。

女职工怀孕未满4个月流产的，享受15天产假；怀孕满4个月流产的，享受42天产假。

第八条 女职工产假期间的生育津贴，对已经参加生育保险的，按照用人单位上年度职工月平均工资的标准由生育保险基金支付；对未参加生育保险的，按照女职工产假前工资的标准由用人单位支付。

女职工生育或者流产的医疗费用，按照生育保险规定的项目和标准，对已经参加生育保险的，由生育保险基金支付；对未参加生育保险的，由用人单位支付。

第九条 对哺乳未满1周岁婴儿的女职工，用人单位不得延长劳动时间或者安排夜班劳动。

用人单位应当在每天的劳动时间内为哺乳期女职工安排1小时哺乳时间；女职工生育多胞胎的，每多哺乳1个婴儿每天增加1小时哺乳时间。

第十条 女职工比较多的用人单位应当根据女职工的需要，建立女职工卫生室、孕妇休息室、哺乳室等设施，妥善解决女职工在生理卫生、哺乳方面的困难。

第十一条 在劳动场所，用人单位应当预防和制止对女职工的性骚扰。

第十二条 县级以上人民政府人力资源社会保障行政部门、安全生产监督管理部门按照各自职责负责对用人单位遵守本规定的情况进行监督检查。

工会、妇女组织依法对用人单位遵守本规定的情况进行监督。

第十三条 用人单位违反本规定第六条第二款、第七条、第九条第一款规定的，由县级以上人民政府人力资源社会保障行政部门责令限期改正，按照受侵害女职工每人1000元以上5000元以下的标准计算，处以罚款。

用人单位违反本规定附录第一条、第二条规定的，由县级以上人民政府安全生产监督管理部门责令限期改正，按照受侵害女职工每人1000元以上5000元以下的标准计算，处以罚款。用人单位违反本规定附录第三条、第四条规定的，由县级以上人民政府安全生产监督管理部门责令限期治理，处5万元以上30万元以下的罚款；情节严重的，责令停止有关作业，或者提请有关人民政府按照国务院规定的权限责令关闭。

第十四条 用人单位违反本规定，侵害女职工合法权益的，女职工可以依法投诉、举报、申诉，依法向劳动人事争议调解仲裁机构申请调解仲裁，对仲裁裁决不服的，依法向人民法院提起诉讼。

第十五条 用人单位违反本规定，侵害女职工合法权益，造成女职工损害的，依法给予赔偿；用人单位及其直接负责的主管人员和其他直接责任人员构成犯罪的，依法追究刑事责任。

第十六条 本规定自公布之日起施行。1988年7月21日国务院发布的《女职工劳动保护规定》同时废止。

女职工禁忌从事的劳动范围

一、女职工禁忌从事的劳动范围：

（一）矿山井下作业；

（二）体力劳动强度分级标准中规定的第四级体力劳动强度的作业；

（三）每小时负重6次以上、每次负重超过20公斤的作业，或者间断负重、每次负重超过25公斤的作业。

二、女职工在经期禁忌从事的劳动范围：

（一）冷水作业分级标准中规定的第二级、第三级、第四级冷水作业；

（二）低温作业分级标准中规定的第二级、第三级、第四级低温作业；

（三）体力劳动强度分级标准中规定的第三级、第四级体力劳动强度的作业；

（四）高处作业分级标准中规定的第三级、第四级高处作业。

三、女职工在孕期禁忌从事的劳动范围：

（一）作业场所空气中铅及其化合物、汞及其化合物、苯、镉、铍、砷、氰化物、氮氧化物、一氧化碳、二硫化碳、氯、己内酰胺、氯丁二烯、氯乙烯、环氧乙烷、苯胺、甲醛等有毒物质浓度超过国家职业卫生标准的作业；

（二）从事抗癌药物、己烯雌酚生产，接触麻醉剂气体等的作业；

（三）非密封源放射性物质的操作，核事故与放射事故的应急处置；

（四）高处作业分级标准中规定的高处作业；

（五）冷水作业分级标准中规定的冷水作业；

（六）低温作业分级标准中规定的低温作业；

（七）高温作业分级标准中规定的第三级、第四级的作业；

（八）噪声作业分级标准中规定的第三级、第四级的作业；

（九）体力劳动强度分级标准中规定的第三级、第四级体力劳动强度的作业；

（十）在密闭空间、高压室作业或者潜水作业，伴有强烈振动的作业，或者需要频繁弯腰、攀高、下蹲的作业。

四、女职工在哺乳期禁忌从事的劳动范围：

（一）孕期禁忌从事的劳动范围的第一项、第三项、第九项；

（二）作业场所空气中锰、氟、溴、甲醇、有机磷化合物、有机氯化合物等有毒物质浓度超过国家职业卫生标准的作业。

中华全国总工会贯彻国务院《中国妇女发展纲要（2011～2020年）》实施方案

总工办发〔2012〕45号

（2012年11月12日）

女职工是中国妇女的骨干力量，是中国工人阶级的重要组成部分，在推动我国经济社会发展中起着重要作用。做好女职工工作、促进女职工全面发展，对实现妇女解放、推动社会文明进步具有重要意义。

为推动落实男女平等基本国策，贯彻国务院《中国妇女发展纲要(2011～2020年)》，更好地履行工会组织的基本职责，组织动员广大女职工在参与经济社会发展中建功立业，制定本实施方案。

一、指导思想和基本原则

（一）指导思想。

高举中国特色社会主义伟大旗帜，以邓小平理论和“三个代表”重要思想为指导，深入落实科学发展观，贯彻男女平等基本国策，坚持走中国特色社会主义工会发展道路，优化女职工发展环境，提高女职工社会地位，保障女职工合法权益，推动女职工平等依法行使民主权利，平等参与经济社会发展，平等享有改革发展成果，实现体面劳动。

（二）基本原则。

1. 全面发展原则。从女职工发展的基本需求出发，着力推动解决关系女职工切身利益的现实问题，努力实现女职工在经济、政治、文化和社会等方面的全面发展。

2. 平等发展原则。坚持以人为本，更加注重社会公平，积极推进构建文明先进的性别文化，营造良好社会环境，促进女职工平等享有各项合法权利。

3. 协调发展原则。统筹协调，进一步保障包括女农民工、女劳务派遣工在内的广大女职工在收入水平、生活质量、文化教育、医疗卫生、社会保障等方面的合法权益。

4. 女职工参与原则。依法保障女职工参与经济社会发展的权利，尊重女职工的主力军地位，引导和支持广大女职工在推动中国特色社会主义建设的实践中实现自身进步与发展。

二、总目标

推动将社会性别意识纳入法律体系和公共政策，促进女职工与经济社会同步发展，使男女平等在政治、经济、文化、教育、社会和婚姻家庭等领域进一步得到实现。保障女职工获得平等就业和分享经济资源的权利，促进就业机会均等和男女同工同酬；保障女职工获得平等享有接受教育和职业技能培训的权利，持续提高女职工科学文化技术素质；保障女职工平等参与国家和社会事务管理，提高女职工参政议政的能力和水平；保障女职工平等享有社会保障，普遍提高女职工的社会福利水平；保障女职工在从事劳动和工作过程中的安全与健康，优化女职工的健康环境，加强对女职工的劳动保护；重视和加强女职工工作，促进女职工工作不断发展。

三、主要目标和策略措施

（一）女职工与健康。

主要目标：

维护女职工的健康权利，进一步提高女职工的身心健康水平；全面开展健康知识普及，引导女职工树立科学文明的健康意识；提高女职工心理素质、身体素质和社会适应能力。

策略措施：

1. 加大女职工常见病防治力度。积极督促相关方面加大资金投入，定期组织女职工进行妇科体检，扩大宫颈癌、乳腺癌检查覆盖范围。

2. 提高女职工健康服务水平。对工会干部加强相关知识培训，提高其开展女职工健康服务工作的能力；针对女职工生理和心理特点，做好心理抚慰工作；开展心理健康和精神疾病预防知识咨询和服务。

3. 开展女职工保健知识和常见妇科病防治知识的宣传普及。利用工会各类活动场所和整合社会资源，组织开展女职工健康知识讲座等各类宣传教育活动，普及健康保健相关知识；针对重点人群加强预防和控制艾滋病宣传教育，努力控制女职工艾滋病感染率。

4. 引导和鼓励女职工参加经常性体育锻炼。充分利用俱乐部、工人文化宫和公共广场等工会及社会文体活动场所，组织开展各种形式的文体活动，增强女职工的身体素质。

（二）女职工与教育。

主要目标：

保障女职工与男职工平等享有受教育权，提高女职工在接受职业学校教育、职业培训、技能劳动者和高级专业技术人员中的比例，为女职工发展创造条件、搭建平台。

策略措施：

1. 推动国家建立完善技能人才培养、评价和激励等政策。防止和纠正性别歧视，维护和保障女职工受教育及接受职业技能培训的权利。

2. 加强女职工思想道德教育。在女职工中广泛开展形式多样的思想道德和“四自”精神教育，引导女职工树立正确的世界观、人生观、价值观和婚恋观。

3. 满足女职工接受职业教育的需求。大力实施职工素质教育工程，充分发挥工会大学校作用，为女职工接受职业教育提供更多的机会和资源；组织女职工参加各类教育培训，扩大女职工接受职业学校教育和职业培训的覆盖面。

4. 为女职工提升文化技术技能素质搭建平台。深入实施女职工提升素质建功立业工程，组织开展多种形式的劳动竞赛活动，激发女职工的劳动热情和创造活力，不断提高女职工的职业竞争能力。

5. 培养选树女职工先进典型。推动完善女职工先进典型的培养、选树、表彰、管理等机制，为优秀人才脱颖而出创造条件；坚持正确的舆论导向，大力宣传先进典型，发挥其示范引领作用，营造学先进、赶先进、超先进的浓厚氛围。

（三）女职工与经济。

主要目标：

保障女职工平等享有劳动权利，推动消除就业性别歧视；保障女职工职业安全卫生，进一步提高执行《女职工劳动保护特别规定》和禁止安排女职工从事禁忌劳动范围相关规定的企业比重，降低女职工职业病发病率。

策略措施：

1. 保障女职工劳动权益。加大立法参与力度，推动女职工劳动保护法律法规的健全与完善，确保女职工平等获得经济资源和有效服务；围绕女职工就业、劳动安全及职业病防治等开展调查研究，针对发现的问题提出意见建议。

2. 加强女职工劳动保护。推动有关部门加大执法监督力度、将女职工特殊劳动保护作为劳动保障监察和劳动安全监督的重要内容；督促相关方面严格执行《就业促进法》、《劳动合同法》、《职业病防治法》、《女职工劳动保护特别规定》等法律法规。

3. 保障女职工职业安全卫生。规范企业用工行为，对用人单位执行《女职工劳动保护特别规定》的情况进行监督检查，督促用人单位增强执法意识，自觉做好女职工劳动保护工作；禁止安排女职工从事禁忌劳动范围的劳动，减少女职工职业病的发生；加大对从事有毒有害作业女职工健康的保护力度。

4. 提高女职工自我维权能力。对女职工加强法律法规、安全卫生知识的宣传教育及培训，提高女职工特别是灵活就业女职工的自我保护意识；组织开展女职工权益保护法律法规知识竞赛等主题活动，提高女职工依法自我维权的能力。

5. 推动消除就业中的性别歧视。推动相关方面依法查处用人单位和职业中介机构的性别歧视行为；推动建立健全科学合理的收入分配制度，逐步实现从事相同工作、付出等量劳动、取得相同劳绩的劳动者获得同等劳动报酬，全面落实男女同工同酬。

（四）女职工参与决策和管理。

主要目标：

维护女职工参与国家和社会事务及企事业管理的权利；积极推动有关方面逐步提高工会系统女性在全国和地方各级人大代表、政协委员以及人大、政协常委中的比例；推动企业职工代表大会、教职工代表大会中女代表比例与女职工比例同步提高；推动企业董事会、监事会成员及管理层中的女性比例逐步提高。

策略措施：

1. 制定和完善工会系统干部协管相关规定。在各级工会相关决策中注重体现社会性别平等理念，提高各级工会领导班子中女性成员比例；提高工会系统人大代表、政协委员中的女性比例，在制定涉及女职工权益的重大决策时，充分发挥其代表作用，提高工会组织参与决策和管理的影响力。

2. 贯彻落实女职工参与决策和管理的相关法规政策。贯彻中央有关加强企业民主管理工作的重要指示精神，完善以职工代表大会为基本形式的各项民主管理制度，积极探索在职工代表大会、教职工代表大会以及企业的董事会、监事会等机构中发挥女职工民主参与的有效形式，企业职工代表大会中女代表比例与女职工比例相适应。

3. 加大宣传引导和教育培训力度。采取多种形式大力宣传相关法规政策，引导社会充分尊重女职工、客观评价女职工、给予女职工相应的社会地位；将社会性别平等内容纳入各级工会的培训课程和计划，为女职工参与决策和管理创造良好环境，提高女职工参与决策和管理的能力水平。

4. 加大培养、选拔女干部力度。贯彻落实相关法规政策中关于女干部培养选拔和配备的要求，加强对工会女干部的培训，将工会女干部的教育培训纳入工会院校干部培训计划，坚决防止和纠正性别歧视，推动后备干部队伍中女干部比例逐步提高。

5. 加强工会女职工组织建设。将女职工组织建设纳入工会组织建设的总体规划，做到基层工会女职工组织与工会组织的筹备、产生、报批“三同时”，推动女职工组织在已建企业工会的全覆盖。

（五）女职工与社会保障。

主要目标：

维护女职工平等享有各项社会保障的权利；推动有劳动关系的女职工全部参加工伤保险；女职工享有各项社会保障的覆盖面逐步扩大，参加生育保险的比例快速提高。

策略措施：

1. 积极推动社会保障法律体系建设。组织开展专项调研，向有关方面提出工会的意见和建议，推动完善并制定养老、医疗、生育等各类涉及女职工社会保障权益法律的配套法规和政策。

2. 加大执法监督力度。建立健全工会劳动法律监督组织，积极开展专项监督检查，督促企事业单位贯彻落实女职工权益保护相关法律法规，切实保障女职工普遍享有生育保险、医疗保险、养老保险、失业保险和工伤保险等权利。

3. 加大培训力度。将女职工社会保障相关法律法规纳入各级工会院校干部培训课程，开展层层培训，增进工会干部对相关法律法规的了解和把握，增强贯彻落实的自觉性，提高依法维护女职工合法权益和特殊利益的能力水平。

4. 完善困难女职工帮扶制度。根据经济增长和物价水平适时调整帮扶救助标准，不断创新帮扶救助手段、拓展帮扶内容、提高帮扶救助覆盖面；积极倡导社会力量参与困难女职工帮扶救助。

（六）女职工与环境。

主要目标：

进一步落实男女平等基本国策，推动形成两性平等、和谐的家庭和社会环境，丰富女职工的业余文化生活，满足她们日益增长的精神文化需求。

策略措施：

1. 大力宣传男女平等基本国策。开展多渠道、多形式的宣传教育活动，引导工会干部、企业经营者、职工群众牢固树立性别平等理念，不断提高基本国策的社会影响力。

2. 大力宣传女职工在推动经济社会发展中的积极作用。通过新闻出版、广播影视以及文学艺术等形式，充分展示女职工参与和推动经济发展及社会进步的成就、价值和贡献，营造有利于女职工全面发展和进步的社会环境。

3. 加强家庭美德建设。开展多种形式的宣传教育活动，弘扬尊老爱幼、男女平等、夫妻和睦、勤俭持家、邻里团结的家庭美德，鼓励和引导女职工自觉做和谐家庭建设的推动者。

4. 组织开展多种形式的文化活动。充分发挥工会宣传阵地的优势，组织女职工开展形式多样、健康有益、寓教于乐的文化娱乐活动，丰富女职工的业余文化生活。

5. 倡导女职工参与节能减排活动。践行低碳生活，减少环境污染对女职工的危害，保护女职工的身心健康。

（七）女职工与法律。

主要目标：

积极参与涉及女职工权益法律法规政策的制定，促进男女平等法律法规的不断完善；依法保障女职工的合法权益和特殊利益；开展普法宣传教育，提高女职工依法维护自身权益的意识和能力；加强监督检查，推动保障女职工权益法律法规的贯彻落实，提高女职工法律援助和司法救助水平。

策略措施：

1. 推动保障女职工权益法律体系的不断完善。围绕女职工权益保障中的突出问题开展调研，推动有关方面制定和完善相关法律法规；拓展工会组织参与立法的途径，推动女职工权益保护法律法规的贯彻落实。

2. 加大执法检查参与和监督检查力度。支持和配合各级人大开展专项执法检查，深入了解法律法规执行中的情况和问题，积极提出解决问题的对策建议；健全完善工会劳动法律监督组织，加强监督检查，对侵犯女职工合法权益和特殊利益的违法行为，提请有关部门严肃处理，切实维护女职工的合法权益。

3. 深入开展普法教育。面向广大女职工多渠道、多形式开展专项普法宣传活动，将涉及女职工权益保护的法律法规纳入工会干部和职工法制宣传教育内容，提高女职工的法律意识和法律素质。

4. 依法为女职工提供法律援助和服务。健全完善法律援助工作网络，推动扩大法律援助覆盖面，鼓励符合条件的女职工申请法律援助并为其提供便利；参与劳动争议调解、仲裁和诉讼，积极为女职工提供公益性法律援助和服务。

四、组织实施

（一）加强组织领导。全总及各省级工会成立领导小组，负责组织协调工作。全总各部门、各全国产业工会，根据本实施方案要求，按照任务分工，结合各自职责制定具体实施意见并负责实施。各省、自治区、直辖市总工会要认真贯彻本实施方案，结合实际制定本地区的实施方案，统筹安排、抓好落实，形成工会系统实施《纲要》规划体系。

（二）积极推进落实。做好实施方案与工会工作总体规划的衔接，将工会系统承担的主要指标纳入工会工作总体规划，统一部署，同步实施。各级工会要拨出专项资金，确保落实实施方案的所需经费。要将实施方案纳入各级工会干部培训内容，不断增强其贯彻实施方案的自觉性。

（三）建立健全工作机制。建立各级工会女职工部负责具体工作、相关部门密切合作、女职工广泛参与的工作机制，共同做好实施方案落实工作。建立目标管理责任制，将实施方案落实情况纳入全总相关部门和各级工会组织的目标管理和考核体系，考核结果作为对领导班子和有关负责人综合考核评价的重要内容。健全工作报告制度，全总各有关部门、各省级工会每年向全总报告情况。健全联系沟通制度，及时汇报、交流有关情况，总结推广典型经验。

五、监测评估

（一）对实施方案落实情况进行年度监测和评估。全总成立监测评估领导小组，组织实施工会系统监测评估工作。各级工会组织要建立监测评估机制，认真完成年度监测评估工作任务。

（二）明确监测评估责任。各省、自治区、直辖市总工会相关部门要向同级工会和全总报送年度监测数据，按照全总监测评估领导小组要求，提交评估报告。

（三）加强监测评估工作。不断创新监测评估方法，就工会系统重点监测指标开展深入调研和专题评估，及时通报评估结果。

（四）建立健全工会系统女职工工作数据库。在工会年度统计中设立并逐步细化分性别统计指标，为做好全面监测评估工作提供依据。

关于加强工会女职工组织规范化建设的意见

总工办发〔2011〕13号

（2011年3月29日）

为进一步加强工会女职工组织规范化建设，充分发挥工会女职工组织作用，依据《工会法》、《中国工会章程》、《企业工会工作条例》、《工会女职工委员会工作条例》的规定，提出以下意见。

一、重要意义

加强工会女职工组织规范化建设，是贯彻“组织起来、切实维权”工会工作方针，扩大女职工组织覆盖面、增强女职工组织凝聚力的必然要求，是强化组织基础和工作基础、切实发挥女职工组织作用的重要举措，有利于改变基层组织建设相对薄弱的现状，对于进一步加强工会女职工工作，增强女职工组织活力，充分发挥女职工组织优势和作用，提高工会女职工工作整体水平具有重要意义。各级工会要从全局和战略的高度，统一思想，提高认识，把加强女职工组织规范化建设作为当前的一项重要任务，积极采取措施，切实抓好落实，不断提高规范化建设水平，推动工会女职工工作的创新发展。

二、基本原则

坚持哪里建工会、哪里有女职工，哪里就要建立工会女职工组织；坚持以工建带动女职工组织建设，女职工组织与工会组织同时筹备、同时产生（或换届）、同时报批；坚持突出重点、突破难点，着力推进非公企业特别是中小企业和新建企业女职工组织建设；坚持“边组建、边规范、边发挥作用”，以抓基层、打基础、强机制、增活力为着力点，注重实效、扎实推进，努力建设组织健全、机制完善、维权到位、作用明显的工会女职工组织。

三、主要内容

（一）规范建立组织。

1. 组织机构。

各级工会建立女职工委员会。企业、事业单位、机关和其他社会组织等工会中有女会员10人以上的建立女职工委员会，不足10人的设女职工委员。省、自治区、直辖市、地级市总工会女职工委员会，实行垂直领导的产业工会女职工委员会，大型企业、事业单位、机关和其他社会组织等工会女职工委员会应设立办公室（女职工部）。县级工会和中、小企事业单位、机关等工会女职工委员会根据工作需要可以设立办公室（女职工部）。

企业不建妇联组织，工会女职工委员会是县和县以上妇联的团体会员，通过县以上地方工会接受妇联的业务指导。

2. 干部配备。

地级市以上工会女职工委员会配备专职工作人员，县和县以下配备专职或兼职工作人员。

女职工200人以上的企业、事业单位的工会女职工委员会，应配备专职或兼职女职工工作人员。

女职工委员会主任由同级工会女主席或女副主席担任，也可按照相应条件配备专职女职工委员会主任，享受同级工会副主席待遇。女职工委员会主任应提名为同级工会委员会或常务委员会委员候选人。

女职工委员会委员与同级工会委员会委员任期相同。在任期内，由于委员工作变动等因素需要调整时，应按程序及时予以替补、增补。

3. 产生程序。

工会女职工委员会委员在充分协商的基础上产生或召开女职工大会（女职工代表大会）选举产生。

基层工会女职工委员会主任、副主任与工会委员会同时报上级工会审批。

（二）规范建设标准。

1. 领导重视，全会支持。同级工会重视支持女职工工作，将女职工工作纳入工会整体工作同部署、同检查、同考核；定期听取女职工工作汇报，协调解决女职工工作中遇到的困难和问题，对开展工作和活动的经费予以保障；工会相关部门支持配合女职工工作，研究制定涉及女职工工作相关文件、政策、规定时听取女职工组织的意见。

2. 组织健全，制度规范。工会女职工组织机构健全，按要求配齐配强专兼职工作人员，女职工委员会工作制度规范。建立向同级工会委员会和上级工会女职工委员会报告工作制度；建立本级工会女职工委员会、常务委员会例会制度；建立工作目标管理制度，工作有计划、有总结、有考核；建立工作档案动态管理制度，及时了解、掌握女职工工作相关情况；建立教育培训制度，对女职工工作干部定期开展培训。

3. 履行职责，发挥作用。切实履行组织、引导、维护、服务女职工的基本职责。组织实施女职工提升素质建功立业工程措施有力，基层单位和女职工参与程度高、覆盖面广；源头参与有力，推动相关法律法规政策落实成效显著，女职工权益保护专项集体合同覆盖率、履约率高；有效实施女职工“关爱行动”，推进困难女职工帮扶工作制度化、项目化和实事化，女职工对工会女职工组织满意度高。4、服务基层，指导有力。上级工会女职工组织对下级工作指导有力，积极协调、帮助解决基层和女职工工作干部的困难和问题，积极代行基层工会女职工组织难以承担的维权职能，为女职工工作干部开展工作积极创造条件，提供支持。

四、工作要求

（一）加强组织领导。要重视和加强对工会女职工组织规范化建设工作的组织领导，将工会女职工组织规范化建设作为工会组织规范化建设的重要内容，努力构建“领导重视、全会支持、上下联动、整体推进”的女职工工作格局。

（二）明确目标任务。要结合本地区、本单位女职工组织建设实际，确定工作目标，制定实施方案，落实工作职责，建立健全女职工工作目标管理体系。

（三）扎实有效推进。要以非公企业特别是中小企业和新建企业为重点，针对不同层面、不同类型企业女职工组织实际，加强分类指导，突破重点难点，注重工作实效，加强督导检查和考核。

（四）总结推广经验。开展工会女职工组织规范化建设示范单位创建活动，注重总结经验，培育典型，发挥典型引领示范作用，推动女职工组织规范化建设深入开展。

关于推进工会女职工组织和女职工权益保护专项集体合同全覆盖工作的意见

总工办发〔2011〕14 号

（2011 年 3 月 29 日）

为进一步夯实工会女职工组织基础，更好地发挥女职工组织作用，切实维护女职工的合法权益和特殊利益，实现在已建工会企业中女职工组织和女职工权益保护专项集体合同的全覆盖（以下简称“两个覆盖”），依据《工会法》、《劳动合同法》、《中国工会章程》、《工会女职工委员会工作条例》等有关规定，特制定推进“两个覆盖”工作意见。

一、重要意义

随着改革开放的深化和社会主义市场经济的发展，我国的经济关系和劳动关系日趋复杂，工会女职工工作面临着许多新情况和新挑战。切实加强新形势下女职工工作，实施“两个覆盖”，是贯彻落实“组织起来、切实维权”工会工作方针的要求，是落实依法推动企业普遍建立工会组织、普遍开展工资集体协商、加强女职工权益保护的举措。实施“两个覆盖”，对于进一步加强工会女职工组织建设和维权机制建设，构建和谐稳定的劳动关系，维护职工队伍稳定和社会稳定具有重要意义。各级工会女职工组织要从战略和全局的高度，充分认识实现“两个覆盖”的重要性和紧迫性，认清形势、把握机遇、明确责任，找准女职工工作与工会全局工作的切入点和着力点。要以依法推进企业的“两个普遍”带动女职工组织的“两个覆盖”，以实现女职工组织的“两个覆盖”服务企业的“两个普遍”。

二、目标任务

自2011年起，用3年时间，基本实现在已建工会企业中女职工组织和女职工权益保护专项集体合同（以下简称“女职工专项合同”）的全覆盖。女职工组织组建工作目标是：在已建工会企业中女职工组织组建率2011年达到85%，2012年达到95%，2013年底基本实现全覆盖；推进女职工专项合同工作目标是：在已建工会女职工组织并签订集体合同的企业中，女职工专项合同覆盖率2011年达到90%，2012年达到95%，2013年底基本实现全覆盖。

三、基本原则

推进“两个覆盖”，要坚持哪里建工会、哪里有女职工，哪里就要建立工会女职工组织的原则；坚持促进企业发展、维护职工权益的原则，贯彻落实保障女职工合法权益和特殊利益的各项法律法规，构建和谐稳定的劳动关系，更好地实现和保障女职工的合法权益；坚持突出重点、分类推进的原则，积极探索不同规模、不同经营状况企业的特点和规律，采取灵活多样的形式和方法，着力推进“两个覆盖”；坚持循序渐进、注重实效的原则，从实际出发，从重点行业、企业入手，抓紧抓实、抓出成效。

四、主要措施

（一）将“两个覆盖”纳入全会重点工作同步推进。进一步贯彻全总《关于加强企业工会女职工工作的意见》和《关于推进女职工权益保护专项集体合同工作的意见》，抓住机遇，借势借力，将“两个覆盖”工作目标纳入工会组建和发展会员预期目标、组建目标考核体系、“模范职工之家”、“创建劳动关系和谐企业”活动、“广普查、深组建、全覆盖”集中行动，做到工会女职工组织与工会组建筹备、产生、报批的“三同时”，女职工专项合同与集体合同协商、签订、履约的“三同步”。

（二）加大重点企业、重点领域推进工作力度。根据企业的特点，因地、因企制宜开展工作。以非公企业特别是中小企业和新建企业为重点，加快在区域性、行业性工会联合会特别是小企业工会联合会推进“两个覆盖”的工作步伐。探索创新女职工组织组建形式，提高组建质量，通过属地联合，促进分层覆盖；通过条块联合，促进区域覆盖；通过垂直联合，促进行业覆盖。加强对签订女职工专项合同工作的指导服务，进一步确立协商主体，完善协商内容，规范协商程序和运作方式等，全面推进区域性、行业性女职工专项合同的签订和履约，切实维护好中小企业女职工的权益。

（三）加强推进“两个覆盖”的制度建设。按照工会女职工组织体系网络化、基础工作标准化、工作格局社会化的总体要求，明确组建工作目标、内容和程序，健全组织制度、工作制度、干部培训制度和督导检查制度，建立顺畅有效的工作运行机制。健全女职工专项合同履约责任制度，把加强平等协商签订女职工专项合同制度与健全企业管理体制有机结合，纳入企业管理制度。健全激励、考核制度，开展争创达标活动，提高推进“两个覆盖”的工作水平。

（四）加强对推进“两个覆盖”的督导检查。定期和不定期督导检查相结合、全面检查与专项检查相结合，集中力量，切实解决工作中存在的突出问题。充分发挥劳动关系三方协调机制作用，形成工作合力。在工会组建检查考核、企业集体合同和劳动法律监督检查、创建劳动关系和谐企业、实行厂务公开和职代会报告制度等工作中，对推进“两个覆盖”统筹安排，一并进行，组织建设和发挥作用并重，扩大覆盖面与提高质量并举。

五、工作要求

（一）要进一步统一思想，提高对推进“两个覆盖”工作重要性认识，将推进“两个覆盖”作为当前和今后一个时期工会女职工工作的重要内容，采取切实措施，积极稳步推进。各级工会要加强组织领导，争取同级党政的重视与支持，进一步整合资源，加强与工会内外相关部门的沟通协调，优化工作环境，形成协同推进“两个覆盖”的工作格局。

（二）要按照全总推进“两个覆盖”的总体部署和要求，认真分析本地区面临的新情况新问题，结合实际制定实施方案，明确总体目标和阶段目标，逐年逐级分解任务，落实工作责任。要不断创新工作思路，强化工作措施，开展专项培训，提高女职工工作干部的专业能力和水平，确保

“两个覆盖”工作规范有序开展。

（三）要加强对基层工作的分类指导，对不同地区、行业、企业的工作情况要做到底数清、情况明，积极为基层工会开展工作提供有效的服务和帮助。要坚持重心下移，深入基层加强调查研究和督导检查，帮助解决基层工作中的突出困难和问题。要及时总结、推广基层的好经验好做法，充分发挥其示范导向作用，提高推进“两个覆盖”工作的整体水平。

（四）要积极作好舆论宣传工作，把宣传引导贯穿于“两个覆盖”工作的始终，借助全会依法推进“两个普遍”的有利契机，充分利用新闻、广播、报刊、网络等主流媒体和工会宣传阵地，大力宣传实施“两个覆盖”的重要意义和作用，宣传各地的典型经验及做法，不断扩大“两个覆盖”的社会影响，推进“两个覆盖”工作的良好发展和目标的如期实现。

关于充分发挥全总女职工委员会委员作用的意见

总工办发〔2011〕12号

（2011年3月29日）

为更好地适应形势发展需要，充分发挥全总女职工委员会委员（以下简称委员）的优势和作用，进一步加强工会女职工工作，根据《工会法》、《中国工会章程》、《工会女职工委员会工作条例》的有关规定，提出以下意见。

一、重要意义

全总女职工委员会是在全总书记处领导下具有民主性、代表性的女职工组织。委员来自各个领域，具有广泛的社会联系和群众基础，在指导和推进女职工工作实践中创造、积累了丰富的经验。重视发挥委员作用，有利于更好地履行全总女职工委员会的基本职责、代表维护女职工的合法权益和特殊利益；有利于适应新形势新任务的要求、进一步推进工会女职工组织的自身发展；有利于整合现有资源、加强女职工工作力量、形成工作合力；同时也有利于扩大女职工工作的社会影响、进一步增强工会女职工组织的凝聚力和吸引力。全体委员要自觉增强组织、引导、维护、服务女职工的责任感和使命感，积极支持、推进女职工工作。

二、委员责任

（一）参加全总女职工委员会定期召开的工作会议以及不定期召开的各类重要会议；参加学习培训、参观考察等相关活动，及时在本地区、本系统推动相关工作的贯彻落实。

（二）找准在本地区、本系统开展女职工工作的着力点，加强工作指导，组织贯彻全总女职工委员会年度工作部署，并将落实和开展工作情况于每年11月底前以书面形式反馈到全总女职工委员会办公室。

（三）每年参加一至二次全总女职工委员会办公室组织的重点课题调研和督导，深入基层了解女职工的诉求和女职工工作开展情况，围绕本地区、本系统女职工权益维护中的突出问题自行开展调研。

（四）发挥自身优势，针对女职工在劳动就业、社会保障、“四期”保护、职业安全卫生、心理健康等方面面临的新课题，加强理论研究，提出对策建议，积极推动问题的解决；做好相关基础数据的统计工作。

三、支持服务

（一）全总女职工委员会办公室要密切与委员的联系，及早安排、统筹协调，组织好各类会议和活动；及时汇总委员反馈的情况和提出的意见，针对性地提出工作建议，在广泛征求委员意见后进行安排落实。

（二）每年举办一至二期委员培训班，为委员学习国家有关法律法规和女职工工作业务知识、提高专业水平提供服务；开展对口考察和参观学习活动，根据需要组织委员到女职工工作成绩显著的地区和单位进行观摩学习，为开阔委员视野提供机会。

（三）定期向委员发放《工作情况交流（女职工部专刊）》、《工会女职工工作简报》等资料；通过网站、文件等形式及时向委员通报工会全局工作、各地工作经验和信息，促进资源共享，合力推进女职工工作。

（四）为工会系统外委员订阅《工人日报》；不定期发放女职工工作专业书籍，为委员深入了解工会女职工工作、提高业务素质提供服务。

（五）全总女职工委员会办公室将根据工作需要，申请专项工作经费，为委员参加学习培训、调查研究和督导检查等活动提供一定的经费支持。

四、制度保障

（一）会议议事制度。全总女职工委员会实行民主集中制，重大事项广泛听取委员意见，经常委会或委员会民主讨论后决定；每年召开一至二次常委会和委员会议，也可根据工作需要临时召开，听取并审议工作报告、人事安排，汇报、研究、交流、部署工作。

（二）调查研究制度。围绕全总女职工委员会确定的年度重点调研课题，以及女职工工作面临的新情况新问题，委托委员单独开展或组织委员联合开展专题调研；组织召开研讨论证会，交流调研成果，提出对策建议，力争在推动解决重点问题上有所突破。

（三）督导检查制度。围绕全总女职工委员会年度重点工作和任务，组织开展督导检查或委托委员自行开展；总结经验，查找问题，提出可行性建议，并形成督导检查情况报告；重视、加强成果转化，督促整改措施落实。

（四）情况反馈制度。畅通工作交流渠道，委员全面了解本地区、本系统女职工和女职工工作中面临的普遍性问题，及时向全总女职工委员会办公室反馈；全总女职工委员会办公室整理汇总后，提交常委会或委员会研究讨论。

委员所在单位要重视、支持委员工作，确保委员如期参加全总女职工委员会的各项工作与活动；积极创造条件，为委员开展工作提供一定的经费和时间保障。

关于启动实施女职工“关爱行动”的通知

总工办发〔2011〕7号

（2011年3月4日）

各省、自治区、直辖市总工会：

困难女职工是困难职工中的特殊群体，做好对困难女职工及其子女的帮扶，切实帮助她们解决生产生活中的突出问题，对于稳定职工队伍、构建和谐社会具有重要意义。为进一步加大对困难女职工及其家庭的帮扶力度，经全总书记处批准，自2011年3月起，全总女职工委员会启动实施女职工“关爱行动”。现将有关事项通知如下：

一、指导思想

深入学习贯彻党的十七届五中全会精神，坚持以人为本，切实贯彻党的全心全意为人民服务的根本宗旨，不断实现好、维护好、发展好广大女职工的根本利益，加大对困难女职工及其家庭的帮扶力度，切实帮助困难女职工解决生产生活中遇到的特殊困难，维护女职工队伍的稳定。

二、主要内容

“关爱行动”主要针对各级困难职工帮扶中心日常救助后生活仍然困难的女职工特别是单亲困难女职工和女农民工。在“三八”节期间，以单亲困难女职工和困难女农民工为重点，集中开展帮扶；在困难企业女职工和女农民工中开展“两癌”（乳腺、宫颈癌）检查；对家庭困难的女职工和女农民工开展日常帮扶；对女职工开展心理关怀等。

三、实施计划

“关爱行动”面向全国31个省（区、市）开展，每年3月为女职工

“关爱行动”月，由全总女职工委员会确定当年开展活动的重点内容。今年请各地集中力量开展对单亲困难女职工和女农民工的帮扶及“两癌”检查两项活动。

四、资金来源和分配原则

2011年“关爱行动”资金安排为4000万元，从中央财政新增拨付困难职工帮扶中心的专项资金中列支。坚持突出重点、兼顾一般、依档分配资金的原则，“关爱行动”资金的下拨以各地开展对困难女职工帮扶活动的人数为依据，适当向经济欠发达地区、少数民族地区倾斜。

五、资金的管理和监督

（一）“关爱行动”资金由县以上各级工会困难职工帮扶中心财务部门负责管理，同级工会女职工部提出资金使用计划并负责具体组织实施。资金使用要严格按照财政部和全总关于困难职工帮扶中心专项资金管理办法执行。

（二）资金的使用发放标准以当地政府部门或地方工会困难职工帮扶中心制定的援助标准为参考依据。

（三）资金的使用发放，要专款专用，不得改变资金用途；要实行实名制发放；坚持公开、公平、公正。

（四）各级工会要加强对资金发放、使用和管理情况的监督检查，及时发现和纠正存在的问题。如发现违纪违规行为，对有关单位给予通报批评，核减或取消资金分配额度，并依法依纪对相关责任人进行处理。

六、工作要求

（一）各级工会要进一步提高对开展“关爱行动”重要意义的认识，切实加强组织领导，精心策划，周密实施，注重工作实效。

（二）按照全总女职工委员会每年确定的实施重点，各省（区、市）总工会要认真研究本年度拟开展的活动内容，制定具体实施方案和资金使用计划，向全总女职工委员会办公室提出书面申请。

（三）各省（区、市）总工会要根据实际，本着自愿的原则，在有需求、有条件、有基础的地区先行开展，并将计划实施和资金使用情况向全总女职工委员会办公室报送。

（四）有条件的地方可通过工会拨款、社会资助、多方筹措资金等，为开展活动提供一定的配套资金，争取为更多的困难女职工提供服务。

（五）充分运用社会各新闻媒体和工会宣传阵地等平台，集中力量、集中时段，广泛造势宣传，不断扩大影响，全力打造工作品牌，为帮扶困难女职工营造良好的社会氛围。

七、组织保障

（一）全总和各地工会都要成立活动领导小组。由分管领导任组长，女职工部、保障工作部、财务部等部门领导为小组成员，负责“关爱行动”的组织实施和有关工作协调。

（二）全总和各地工会都要成立专家指导组，由卫生部门、工会疗养院、妇幼保健机构等有关专家组成，负责对“两癌”检查工作开展技术指导。

中华全国总工会女职工委员会关于实施女职工提升素质建功立业工程的意见

（2010年5月11日）

为了全面贯彻党的十七大和中国工会十五大精神，落实《中华全国总工会关于全面实施职工素质建设工程的意见》、《关于充分发挥工会“大学校”作用，提高职工队伍整体素质的决议》和《中华全国总工会关于广泛深入开展社会主义劳动竞赛的决定》精神，现就实施女职工提升素质建功立业工程提出以下意见。

一、重要意义

女职工是中国工人阶级的重要组成部分，是我国改革开放和社会主义现代化建设的主力军，在推动科学发展、促进社会和谐中肩负着光荣而神圣的使命。

实施女职工提升素质建功立业工程，是学习实践科学发展观、落实科教兴国战略和人才强国战略的具体措施；是组织动员女职工积极投身全面建设小康社会伟大实践的重要载体；是展示女职工的时代风采、促进女职工全面发展的有效手段；是工会女职工组织的一项长期的战略任务。实施女职工提升素质建功立业工程，有利于进一步促进女性人才的培养，提高女职工队伍的整体素质，在推动科学发展、促进社会进步的历史进程中，充分发挥女职工的“半边天”作用。

二、指导思想

高举中国特色社会主义伟大旗帜，以邓小平理论和“三个代表”重要思想为指导，全面贯彻落实科学发展观，充分发挥工会“大学校”作用，按照全面提高职工队伍整体素质的任务、目标和要求，深入实施女职工提升素质建功立业工程，大力弘扬劳模精神和工人阶级伟大品格，进一步激发女职工的创造潜能和创造活力，培养和造就“学习型、知识型、技能型、创新型”的女职工队伍。

三、目标任务

贯彻实施全国职工素质建设工程五年规划，从2010年起，用3年左右的时间，组织85%以上的女职工参加建功立业实践活动，使700万以上女职工提升技术等级；组织80%以上的女职工接受各类教育培训，使350万以上女职工提升学历层次；选树200个工会女职工培训示范学校，发挥培训示范学校的引领作用，形成多层次、多类型、开放式提升素质工作新格局。

四、主要内容

（一）大力推进社会主义核心价值体系建设，引导女职工认真学习中国特色社会主义理论体系，打牢为坚持和发展中国特色社会主义而共同奋斗的思想基础；弘扬以爱国主义为核心的民族精神和以改革创新为核心的时代精神，践行社会主义荣辱观；深入开展形式多样的主题教育和普法宣传教育活动，不断提高女职工的思想道德素质；加强社会公德、职业道德、家庭美德和个人品德建设，引导女职工牢固树立正确的世界观、人生观和价值观。

（二）充分发挥工会“大学校”作用，广泛开展文化教育、技能培训和读书活动，激发女职工获取知识、更新知识的积极性和主动性；引导女职工树立科学理念，掌握科学知识，针对自身条件和工作实际，制定自我达标学习计划，提高自身科学文化素质，努力成为一专多能的复合型人才，为更好地参与国家经济和社会建设奠定基础。

（三）围绕加快经济发展方式转变和经济结构调整的新要求，组织动员女职工积极参加多种形式的建功立业活动，为推动经济又好又快发展作出新贡献；根据行业和女职工的特点，广泛开展技能竞赛、岗位练兵、技术比武、合理化建议等活动，引导女职工学习业务、钻研技术，促进女职工岗位技术和技能水平的提高。

（四）激发女职工的创造活力，组织女职工积极投身自主创新实践。围绕加快传统产业升级、推动战略性新兴产业发展，建设创新型国家等重大任务，以推动企业技术进步为主题，以增强女职工自主创新能力为重点，深入开展经济技术创新活动，推广和应用女职工优秀技术创新成果，引领女职工及班组立足本职岗位，争做“创新能手”、“创新示范岗”和“创新型班组”。

（五）加强对女职工的人文关怀，通过专题讲座、知识竞赛、影视观摩等喜闻乐见的形式，向女职工普及生理、心理、安全、健康和女职工“四期”保护知识；倡导科学文明健康的生活方式，传播生理和心理健康新理念，加强心理疏导；组织女职工参加积极向上、健康有益、适合女职工特点的文艺体育活动，不断增强女职工的体质，提高女职工的心理素质和身体素质。

五、工作要求

（一）切实加强领导，推动女职工提升素质建功立业工程的深入实施。要进一步提高对实施女职工提升素质建功立业工程重要性的认识，将此项工作列入议事日程，与全会开展的各项争先创优建功立业活动紧密结合，精心组织，统筹安排，整体推进；创新工作思路、活动内容和形式，制定工作方案，把握活动规律，坚持分类指导，提高活动的针对性和实效性；积极争取党政支持，整合社会资源，不断推动活动深入、持久、健康发展。

（二）突出工作特色，把女职工提升素质建功立业工程目标任务落到实处。要针对新时期女职工队伍的新特点，针对不同女职工群体的实际需求，因地制宜，因企制宜，搭建工作平台，吸引女职工广泛参与，推动活动向各行各业女职工群体拓展；活动内容要突出主题、体现特色，增强吸引力和凝聚力；完善工作运行机制，加强规范管理，督促检查落实。

（三）健全激励机制，激发女职工争先创优的积极性。以争创“工人先锋号”、“五一巾帼奖”、“女职工建功立业标兵岗（标兵）”等活动为载体，开展争先创优活动和评先表彰活动；注重发现、培养和选树典型，进一步营造劳动光荣、知识崇高、人才宝贵、创造伟大的良好社会氛围，全总每两年表彰一批在建功立业活动中涌现出的先进女职工。

（四）加大宣传力度，进一步扩大社会影响。充分利用新闻、广播、电视、报刊、网络等现代传媒和工会宣传阵地，采用通俗易懂、寓教于乐、贴近女职工的宣传形式，大力宣传实施女职工提升素质建功立业工程的重要意义，宣传在活动中涌现出的先进集体和个人；总结推广经验、着力打造工作品牌，扩大女职工提升素质建功立业工程的社会影响。

请各省、自治区、直辖市总工会女职工委员会按照此意见的精神，结合实际，制定贯彻落实的具体措施。